L'INVENTION DE LA VÉNUS DE MILO

TAKIS THÉODOROPOULOS

L'INVENTION
DE LA
VÉNUS DE MILO

Récit traduit du grec par Michel Grodent

SABINE WESPIESER ÉDITEUR
5, RUE BARBETTE, PARIS III
2008

La Vénus telle que l'a dessinée Olivier Voutier
dans le champ de Yorgos Kendrôtas.

PROLOGUE

Ils la découvrirent sans la chercher, mais ils la reconnurent d'emblée. Ils ignoraient son existence, mais ils l'accueillirent comme s'ils l'attendaient.

On dit que le premier à prononcer son nom fut l'aspirant du navire de guerre français Olivier Voutier. Il fut le premier à fixer ses traits en usant de l'expérience assez rudimentaire qu'il avait du dessin. L'esquisse de Voutier fut à l'origine de toute une dynastie d'images, de croquis, de photos ou d'objets qui n'ont cessé de répéter son visage durant les deux siècles suivants.

Nous pouvons imaginer le jeune Voutier qui, un an plus tard, retournera en Grèce pour combattre aux côtés des insurgés, penché sur la statue dans une attitude qui trahit un mélange de piété et de tendresse. Son modèle était encore couché parmi les pierres qui le recouvraient un jour auparavant. Il était brisé en deux, d'un côté le torse nu avec la tête et de l'autre les membres inférieurs dissimulés par les plis du voile. Et quand Voutier prononce le premier le mot

« Vénus », il tient son croquis éloigné de ses yeux, comme s'il voulait le confronter à la réalité du modèle qui, lentement mais sûrement, a commencé à se confondre avec les ombres des oliviers, dans le bleu foncé du ciel qui précède la tombée de la nuit.

C'était le 19 avril 1820, Voutier se trouvait à Milo où s'était arrêtée la veille la gabarre *L'Estafette* dans laquelle il servait. Quant à la statue de femme qu'il venait tout juste de baptiser « Vénus », elle se trouvait dans le champ d'un paysan grec nommé Yorgos Kendrôtas. Lequel l'avait découverte quelques jours auparavant en soulevant des pierres, accomplissant l'un de ces gestes qui, sans que l'on puisse en deviner l'importance, paraissent programmés par le destin, ou par quelque fatalité invisible qui accompagne les activités humaines.

L'histoire qui suit est le récit de cet enchaînement de hasards qui a mené la Vénus de Milo du champ de Yorgos Kendrôtas à la salle du Louvre. Autour des événements se profilent des visages qui ne sont pas là par hasard (si l'on en juge d'après le dénouement) : un cortège de gens illustres, comme l'explorateur de l'Océanie, Dumont d'Urville, à l'époque enseigne de vaisseau de première classe dans la marine française ; le célèbre Marie-Louis-Jean-André-Charles Demartin de Tyrac, comte de Marcellus ; le prince ottoman d'origine grecque Nicolaki Morusi ; et tout un peuple en

ébullition – la population de la petite île égéo-pélagienne
quelques mois avant la guerre d'indépendance.

Avec son sourire ambigu, sa nudité raffinée, la Vénus
semble suivre en silence toute cette aventure comme si cha-
cune de ses péripéties était un mouvement bien étudié de sa
taille et de ses cuisses. Et cela au moment même où, revêtue
de l'évidence pleine et entière du chef-d'œuvre absolu, elle
sort de l'obscurité pour s'exposer à la lumière de toute une
époque : la nôtre.

Les événements de Milo, en avril 1820, semblent repro-
duire les gestes du sculpteur, inconnu par ailleurs, qui tra-
vaillait le marbre de Paros dans son atelier durant ce siècle
lointain où la Vénus naquit pour la première fois. Dans la
petite île égéenne, les admirateurs de la statue, qui jouaient
des coudes pour s'attribuer un rôle de premier plan dans sa
renaissance, ont conféré une nouvelle vie à la Vénus.

Ils l'ont voulue mutilée pour remplir de leur émotion
intacte les vides que le temps avait laissés sur elle.

1

L'ONT-ILS BAPTISÉE VÉNUS parce qu'ils avaient découvert sa main gauche avec la pomme de discorde dans la paume ? Ou bien est-ce de l'avoir baptisée Vénus qu'ils se mirent à chercher la preuve irréfutable de son identité et, ne la trouvant pas, commencèrent à dire à la cantonade qu'ils l'avaient vue quelque part ou qu'elle avait disparu quelque part ?

Il n'est pas exclu que toute cette affaire résulte d'un accord spontané que l'on mit sous l'invocation de la déesse de l'Amour. La statue leur fit une telle impression qu'à aucun moment il ne leur vint à l'esprit que la femme aux seins nus étendue à leurs pieds, souillée encore par la terre et les lichens de l'humidité, aurait pu être moins que la déesse en personne, Vénus. Si, comme il semble avéré, les deux royalistes de la bande, le sieur d'Urville et le comte de Marcellus, pensèrent, avant même de la voir, qu'elle ferait un cadeau de premier choix pour Louis XVIII – lequel était revenu sur le trône laissé vide par son frère après sa décapitation –, l'hypothèse Vénus leur convenait d'autant mieux. Facile à reconnaître, c'était une reine, avec une charge mythologique digne de son rayonnement esthétique.

Ils ne songèrent pas un instant que leur Vénus pouvait ne pas être Vénus, mais l'une de ses suivantes, une des trois Grâces, une nymphe locale, la belle Hélène ou l'une des neuf Muses que le sculpteur Aguésandros, son présumé créateur, voulait pourvoir d'un charme érotique particulier.

Concédons à Olivier Voutier la justesse du coup d'œil. Reconnaissons autrement dit que le croquis qu'il traça *in situ*, penché sur la statue pour la fixer comme si elle était dressée devant lui, est absolument fidèle. Il a dessiné ce que voyaient ses yeux et n'a rien dessiné de plus, ni mains, ni pieds, ni doigts. La validité du croquis est encore renforcée par sa sobriété. Le jeune aspirant de la Marine française n'a pas émaillé l'objet de tous ses soins d'une sorte d'instantané naturaliste, un petit bout de paysage avec des oliviers, ou un morceau de cet horizon marin qu'on ne tarde pas à découvrir dès qu'on tourne derrière le rocher aux allures de tombeau biblique.

Dans la tête de Voutier, cela peut aussi se justifier par quelque gestation pénible, visible dans le résultat final. Il est manifeste que l'homme ne savait pas dessiner, ou plutôt qu'il savait dessiner suffisamment pour transcrire une première impression avec des traits maladroits et déformer légèrement le visage de la statue qui, sur son croquis, semble un peu plus allongé et souriant qu'il ne l'est en réalité. Cela renforce encore la véracité de son témoignage : un homme qui n'a pas l'aisance de faire ce qu'il veut de ses mains, où trouverait-il la liberté qu'il faut pour recréer la réalité, jouer avec ce que voient ses yeux ? A fortiori quand il doit affronter un tas de complications, les ombres qui s'intensifient à mesure que le soir avance, sa main qui tremble, soit qu'il est pressé, soit qu'il songe à la manière dont réagira le premier à voir son esquisse !

Le secret de ce croquis, de l'impression première de cette Vénus que l'on nomma Vénus et que l'on vénéra comme un chef-d'œuvre, a peut-être été emporté dans le silence des yeux qui en furent les premiers témoins, ces yeux bleus perdus dans un visage qui laissait autour de lui une brume semblable à l'écume de la mer se brisant sur les rochers. Le jeune aspirant Olivier Voutier portait gravés en lui les noms de Louis XVIII, de l'ambassadeur à Constantinople le marquis de Rivière, mais également de l'ancien Musée Napoléon reconverti alors en Musée royal. Jamais au grand jamais il ne consentit à revendiquer une place pour son propre nom sur la petite plaque informative placée au-dessus du piédestal, à disposition pour une ultime photo-souvenir, et qui explique aux visiteurs venus au Louvre voir le chef-d'œuvre la date et le lieu de sa découverte, l'identité des découvreurs et de ceux qui l'aidèrent à arriver jusque-là.

Pour lui, la Vénus, c'était une affaire intime. En la dessinant dans le champ de Yorgos Kendrôtas, avec ses yeux il regardait la statue, mais dans son esprit se profilait le visage de Catherine Brest qu'il avait prise dans ses bras dès qu'il avait mis le pied à Milo. Lorsque celle-ci s'était pâmée en le voyant, il s'était empressé de la soutenir pour l'empêcher de s'effondrer. Ils avaient échangé des regards lourds, débordant de silence éloquent. Il leur avait suffi de trois jours pour se sentir complices et décider d'un commun accord de prendre la poudre d'escampette. Le croquis exécuté par Olivier Voutier n'était rien de plus qu'une illustration improvisée de ses sentiments. Il n'est pas exclu bien sûr que ce nom de Vénus qui sortit de ses lèvres n'ait pas été adressé à la statue que fixaient ses yeux, mais à la femme dont la présence avait fait chavirer la vie qu'il menait jusqu'alors.

Le tombeau de Catherine Brest se trouve à Milo, sur le parvis de la Vierge des Roses, l'église catholique qui fut bâtie après sa mort par son époux, Louis Brest, agent consulaire de France dans l'île. Composée en grec archaïsant, l'inscription sur la plaque tombale rappelle qu'elle fut « Mère aimante et sublime épouse, parangon de vertus et de ferveur confessionnelle, aussi calme dans l'adversité que réservée dans la félicité ». Nous savons qu'elle mourut en 1823 à l'âge de vingt-huit ans, ce qui fait qu'en 1820, elle en avait vingt-cinq à peine, tandis que son époux, né en 1789, n'en avait que trente et un. En foi de quoi nous ne pouvons attribuer la passion qu'elle nourrissait pour un aspirant de la même génération qu'elle à la grande différence d'âge qui les séparait. Il n'empêche, elle n'eut qu'à darder les yeux sur le jeune officier pour s'évanouir à ses pieds. De même n'eut-elle besoin que d'un ou deux regards profonds échangés avec lui pour que s'affichent dans toute leur virulence les symptômes de son tempérament romantique. En d'autres termes, elle apparut, selon les mots de Cavafy à propos de Marc-Antoine, comme préparée depuis longtemps à s'évader du foyer conjugal et de Milo, ce qui fait soupçonner qu'elle souffrait de ce type de claustrophobie qui saisit tous les gens condamnés à borner leur horizon vital à l'espace cadenassé d'une île de la mer Égée. Souffrant d'intolérance chronique aux rayons du soleil, un fait qui peut se révéler catastrophique dans des conditions d'ensoleillement aussi prolongé, elle se plaignait souvent des exanthèmes qui martyrisaient sa peau sensible et des céphalées qui emplissaient ses yeux bleus de larmes de désespoir et d'indignation. Le résultat fut qu'elle chercha son libérateur parmi les voyageurs qui étaient arrivés ce jour-là sur l'île.

Devaient aussi entrer en ligne de compte les crises d'anorexie revenant à intervalles réguliers, mais également certaines facettes de son singulier caractère. Voir toujours les mêmes personnes faire toujours les mêmes choses lui donnait des insomnies. Elle s'énervait quand on l'entretenait du pittoresque de l'habit insulaire et imputait également au manque de musique dans sa vie son impuissance à jouir des charmes du sommeil, ce don que Dieu avait généreusement offert à tous les hommes, sauf à elle. Malgré tout, elle eut beau assurer son époux qu'il lui suffirait de quelques phrases musicales pour puiser la force de souffrir la solitude la plus aride, elle ne toucha qu'une seule fois le piano commandé par le consul et qui était arrivé à Milo, chargé sur un vaisseau venu de Gênes, avec une collection de partitions. À peine ses doigts eurent-ils effleuré les touches, elle constata qu'il était désaccordé. En 1820, comme chacun peut l'imaginer, il était en Égée aussi rare de dénicher un accordeur que de croiser en nageant un pingouin détourné de sa route. Il s'ensuit que l'instrument musical fut converti en meuble dont la masse silencieuse eut pour effet de lui remémorer ses frustrations avec une insistance renouvelée. Quelques romans parvenus jusqu'à Milo via Marseille se révélèrent tout aussi peu efficaces. Tant qu'elle dura, leur lecture tempéra l'acidité de son humeur, mais dès qu'elle eut pris fin, la jeune femme découvrit avec une intensité redoublée la nudité du paysage dorique environnant.

Ajoutons un autre détail de nature sociale, le fait que Catherine Brest avait épousé son mari pour soustraire la savonnerie familiale à la saisie et son père à la prison. Avant de convoler, ils ne s'étaient rencontrés qu'une seule et unique fois à Toulon, dans le salon de quelques connaissances réciproques, au cours d'une soirée où il avait décidé, lui, que s'il trouvait une manière quelconque de passer le restant de sa vie à ses côtés, il ne demanderait rien d'autre au Créateur de ses jours, tandis qu'elle, de son côté, s'efforçait de tromper son ennui en étudiant ses gestes de nervosité et sa tendance au bavardage qui, avec les années, fit se détériorer son état. Leur hôte était un haut gradé en retraite de la Marine française, vice-amiral ou quelque chose d'approchant. Bien qu'il eût offert ses services à l'empereur – il s'éleva d'un bond dans la hiérarchie après la campagne d'Égypte –, il avait finalement accepté l'idée que la France en avait assez de la mégalomanie et que pour se redresser, elle pouvait se contenter de la médiocrité bienveillante et du réalisme terre à terre de l'avant-dernier Bourbon. En tout état de cause, ce fut lui qui s'entremit pour que fût conféré le titre de consul à Louis Brest.

Le paradoxe d'un service consulaire français dans une petite île de l'Égée en l'an de grâce 1820, il faut l'imputer aux mutations géologiques qui façonnèrent la nature locale aux temps préhistoriques, quand fut signalée l'explosion du volcan qui créa cette baie profonde et protégée des vents dont se servaient alors comme point d'ancrage et de ravitaillement les unités de la flotte française cinglant vers les ports ottomans du Levant, Smyrne et Constantinople.

Il est à relever que le fond du désespoir atteint par l'épouse consulaire fut rendu encore plus inaccessible par les efforts que déploya le sieur Brest pour dissiper l'ennui qu'elle éprouvait. Ils consistaient tantôt à exagérer l'émerveillement que provoquaient en lui les singularités des remaniements géologiques et tantôt à grossir l'importance de sa fonction dans la rivalité entre la flotte française et la flotte anglaise pour le contrôle de la Méditerranée après la déconfiture de Napoléon.

La seule chose qui avait le don d'émouvoir Catherine Brest, c'était la perspective que le cratère du volcan qui dormait dans le golfe de Milo pût quelque jour se réveiller, entraînant une fois de plus une modification de la géographie locale. Au moins de cette manière échapperait-elle définitivement à sa claustrophobie.

En l'occurrence, ce fut le regard d'Olivier Voutier qui assuma jusqu'au bout le rôle du volcan. Ce regard ne devait pas être totalement indifférent, son magnétisme ne passait pas inaperçu, comme tend à le suggérer Eugène Delacroix lui-même dans son journal. Les deux hommes s'étaient rencontrés à Paris, aux environs du jardin du Luxembourg, par l'entremise d'une relation commune. C'était l'époque où Voutier venait de rentrer en France pour publier les *Mémoires sur la guerre actuelle des Grecs* et où Delacroix avait conçu l'un de ses chefs-d'œuvre, *Le Massacre de Scio*. Le plus vraisemblable, c'est que le colonel d'artillerie des Philhellènes insuffla le philhellénisme dans l'âme du peintre en l'assurant que les Grecs insurgés, mis à part leur courage et leur vertu guerrière, disposaient d'un sens inné de la beauté naturelle – c'est ainsi du moins qu'il les présente dans ses *Mémoires*. Il n'est pas exclu qu'ils discutèrent de différents détails qui aidèrent le peintre à rendre l'atmosphère quotidienne d'un pays qu'il n'avait jamais visité, comme il n'est pas exclu que Voutier dépeignit des personnes et des caractères qui l'avaient impressionné durant son séjour là-bas et qui se trouvent aujourd'hui fixés sur la toile.

Le paradoxe néanmoins, c'est que la discussion eut beau tourner autour de questions de « beauté », le colonel ne souffla mot au peintre de sa participation à la découverte et à l'enlèvement de la Vénus de Milo qui, en 1823, avait déjà trouvé sa place au Louvre et commencé à se frayer un chemin dans les bonnes grâces des amateurs d'art. C'est peut-être que l'homme au regard intense et à la figure avenante, quoique marquée de petite vérole – selon la description de Delacroix –, n'avait pas encore dissocié les jours qu'il avait passés à Milo de la relation cruciale, quoique fatale, qui l'unissait à Catherine Brest. Peut-être le code de l'honneur qu'il partageait avec ses Grecs troublait-il l'aura de séduction néoclassique qui émanait de sa découverte. L'un n'exclut pas l'autre d'ailleurs. Voutier voit la Grèce ensanglantée et plus le

combat semble désespéré, dit-il en substance, plus il doit
émouvoir un esprit saturé des misères de la Restauration.
C'est avec des mots comparables qu'il explique dans une
lettre à son amie Madame Récamier sa décision de démissionner de la Marine française pour acquérir six canons et les
munitions, mettant à disposition tout l'argent qu'il possède,
pour les offrir, avec son épée, aux Grecs insurgés. Ce sont des
paroles qui peuvent expliquer pourquoi il prend de haut
l'affaire de la Vénus.

Partisan de Napoléon, Voutier de retour à Paris encaisse
une fois de plus les « misères de la Restauration » en voyant
Dumont d'Urville jouer des coudes avec Marcellus pour savoir
qui le premier a découvert la Vénus et qui le premier a songé à
en faire cadeau à son roi. « Pour pouvoir l'offrir, il fallait
d'abord l'avoir acquise », dira-t-il quelques décennies plus tard
au comte de Marcellus. Si lui-même ne l'avait point dessinée
en cette fin d'après-midi dans le champ de Yorgos Kendrôtas,
le plus vraisemblable, c'est que la statue n'eût jamais quitté
Milo. Il était le seul en mesure de connaître ce fait.

Affaire personnelle, souvenir fidèle de sa relation avec
Catherine Brest, point d'honneur pour la Grèce dont le sang
coule encore, la Vénus garde bien enfouis certains secrets
essentiels de la vie de Voutier, le genre de secrets que lui-
même n'a pas le droit ou n'accepte pas de galvauder dans
de trop nombreux contacts avec le monde, pour citer de

nouveau Cavafy. Il préfère les garder pour lui au même titre que les remords qu'il éprouve sans doute, maintenant qu'il sait que les marbres, pour les Grecs qui versent leur sang, représentent moins une question d'art qu'une question de vie ou de mort.

En fait, on peut accorder quelque crédit à l'hypothèse selon laquelle il omit de dessiner la main gauche avec la pomme, la preuve litigieuse, parce que les ombres du crépuscule l'avaient engloutie, parce qu'il était indifférent aux détails dans la mesure où pour lui le croquis était le prétexte et qu'il était pressé d'en finir pour libérer son amour des contraintes et des faux-semblants. Il voulut convaincre le capitaine Robert, commandant de la goélette *L'Estafette* dans laquelle il servait, de partir pour Constantinople et de solliciter des fonds de l'ambassadeur, le marquis de Rivière, pour acheter la Vénus. De la même façon, Catherine Brest voulut convaincre son époux que ces quelques jours de repos, loin de la vie qu'elle menait à Milo, la libéreraient de l'anorexie nerveuse et des pâmoisons des dernières semaines, et que le voyage de *L'Estafette* était une belle occasion d'améliorer sa santé chancelante. Catherine Brest s'était convaincue elle-même qu'à Constantinople, à côté de la Sublime Porte du sultan, s'ouvrait toute grande pour elle, dans l'immensité de l'univers, la Porte de la liberté. Celui qui l'aiderait à la franchir, c'était l'homme auquel elle était résolue à livrer sa vie, le jeune aspirant Olivier Voutier. En bref, ils avaient décidé de s'enfuir et de ne jamais retourner à Milo. L'idée du sieur Brest d'emmener avec eux le piano pour le faire accorder fut rejetée à la satisfaction générale, car l'humidité marine, durant le voyage de retour, l'aurait désaccordé derechef.

En dessinant la statue, Voutier songeait-il à Catherine Brest – au moment où il la dévoilerait devant elle en lui disant : « C'est à vous que je pensais » –, au voyage avec *L'Estafette* jusqu'à Constantinople, à l'argent qui lui manquait pour concrétiser son rêve de fuir en compagnie de la jeune femme ? C'est pour cette raison sans doute que le visage de la déesse sur le croquis est un peu plus allongé que celui de la statue, c'est pour cette raison sans doute qu'en dessinant, il a murmuré « ma Vénus » en donnant son nom de baptême à la statue et c'est pour cette raison sans doute qu'il a omis de représenter la main gauche.

Mais même sans la main gauche de la Vénus, les projets des deux amoureux auraient pu avoir une heureuse issue si le célèbre Dumont d'Urville n'avait point fait son entrée à Milo.

2

Mettons les choses en ordre. Le 15 avril 1820, un paysan du nom de Yorgos Kendrôtas, ramassant des pierres dans son champ, histoire de bâtir quelque chose – peu importe quoi, dans ces régions, les gens ne cessent pas de construire ! –, découvre une statue qui, aujourd'hui, est connue comme la Vénus de Milo et se trouve au Louvre. Cette statue était brisée en deux, d'un côté le tronc aux seins nus avec la tête, de l'autre les membres inférieurs enroulés dans les plis du voile ; on la découvrit enfouie sous un tas de pierres, au pied d'un rocher qui ressemble à un tombeau dans les illustrations du Nouveau Testament, le tombeau d'où Jésus fit sortir Lazare, voire le tombeau d'où il ressuscita lui-même après trois jours d'attente. Pour éviter tout malentendu, je préviens le lecteur que la référence aux Écritures n'a pas le moindre caractère métaphorique et que je n'ai pas l'intention de me livrer ultérieurement à des parallélismes d'un goût plus que douteux entre la résurrection de notre Seigneur et la réapparition de la Vénus émergeant du néant des siècles. J'essaie simplement

de décrire avec un maximum de précision l'endroit où fut
découverte la Vénus de Milo, quelque part sur le sentier qui
mène à l'entrée du théâtre antique, un édifice en marbre
d'époque romaine avec les gradins tournés vers la mer, du
côté du golfe de Milo. Le champ de Yorgos Kendrôtas n'a
rien d'une grande propriété. Il s'agit d'une petite terrasse bâtie
sur le flanc d'une colline au sommet de laquelle s'élève la
capitale de l'île, Plaka, et c'est à se demander vraiment pourquoi son propriétaire n'a pas localisé plus tôt la statue enfouie
sous le tas de pierres, je veux dire en clair : enterrée superfi-
ciellement.

Je suppose que ce jour-là, Yorgos Kendrôtas a dû se poser
lui-même la question, lui dont les témoignages concernant
la découverte et l'enlèvement du chef-d'œuvre s'efforcent
autant que possible de minimiser le rôle dans toute cette
histoire. On le désigne soit comme un simple « paysan
grec » – ainsi le sieur Dumont d'Urville qui le tient pour un
instrument aveugle du destin, un épiphénomène ou quelque
chose de ce genre –, soit comme Yorgos, le « propriétaire
primitif » de la Vénus – ainsi le comte de Marcellus dans ses
Souvenirs.

Il n'empêche, ce Yorgos inconnu était peut-être un « primitif » puisque, selon des témoignages, il n'avait probablement
aucune idée de l'histoire de l'art ni de la mode néo-classique
dont se prévalait à l'époque le goût européen, mais comme

cela fut démontré par la suite, il n'était pas un imbécile. Le plus vraisemblable dès lors, c'est que le fait de se retrouver brutalement en présence de la femme de marbre aux seins nus fit naître en sa cervelle un certain nombre de questions faciles à deviner. Comment se faisait-il que lui-même ou son père avant lui (à supposer qu'il eût reçu le champ concerné en héritage) avait mis si longtemps à subodorer son existence ? Comment son chien n'avait-il rien senti ? Il confondait, à cet instant du moins, le corps de marbre inanimé avec le corps vivant d'une hallucination venue s'allonger sous ses yeux jambes en l'air. Cette étourderie passagère était due à sa conscience à moitié engourdie, la « révélation » ayant eu lieu, semble-t-il, aux premières lueurs de l'aurore, bien avant que le soleil ne donnât sa pleine mesure. Plus encore, il dut penser que quelqu'un, furtivement, l'avait placée là où il l'avait découverte, à une date plus ou moins récente, sinon il eût déjà lui-même depuis belle lurette soupçonné sa présence.

Mais non, Yorgos Kendrôtas, que les illustres bienfaiteurs du Louvre s'efforcent de faire paraître ignare et sans expérience, n'était pas aussi bête ni aussi peu dégourdi ! Et s'il s'empressa de recouvrir la statue, ce n'était point qu'il ne pût en croire ses yeux ou s'imaginât avoir affaire à un fantôme, comme le laisse entendre, avec un penchant marqué pour la raillerie, le sieur Marcellus dans ses *Souvenirs*. S'il la recouvrit, ce fut pour gagner du temps.

Peut-être Yorgos ne connaissait-il pas la signification du mot « classique », peut-être n'avait-il jamais entendu parler du terme néo-classique qui se tortillait comme un délicieux caramel dans la bouche de tous les Européens raffinés, mais il avait un certain sens de l'ancienneté et un certain sens de la valeur attachée à cette ancienneté. Et je ne fais pas référence à ce gène grec qui traverse les siècles sans être altéré et dont se sert le grand historien Constantin Paparrigopoulos pour démontrer la continuité sans faille de la nation hellène depuis l'époque où Cronos dévora ses enfants jusqu'à l'époque où le peuple grec se souleva pour réclamer son indépendance aux Ottomans, un gène qui, ayant formé le corps de l'idéologie néo-hellénique, est responsable des comportements psycho-pathologiques d'un ethnocentrisme coupé de la réalité. Non, je me réfère à la sensibilité particulière que fait naître le complexe des ruines. C'est elle qui inspire le sentiment d'une certaine sacralité et même si elle ne peut se traduire en termes esthétiques, elle a la capacité de produire des quantités suffisantes d'énergie psychique. Elle fait son apparition durant le siège de l'Acropole, quand les Grecs décident de se retirer parce que les Ottomans, prisonniers derrière les murailles, démolissent les colonnes du temple pour fabriquer des boulets de canon avec des crampons. Elle est signalée par le général Macriyannis dans ses *Mémoires*, quand il défend à des paysans de vendre à des *Frantsézi* la statue qu'ils ont trouvée par hasard dans leur champ, tout à fait comme Yorgos, en leur disant que c'est pour de telles choses que les combattants de 1821 ont versé leur sang. Bon, vous allez me dire que, dans ce cas-ci, c'est exactement l'inverse qui se produit. Yorgos a vendu aux *Frantsézi* la statue qui se trouvait dans son champ, et on peut donc soutenir que tous ces développements autour de la « sensibilité » ne tiennent pas la route quand on a affaire à un peuple qui s'efforce le mieux qu'il peut d'accomplir son destin sur la Terre. D'accord, mais en avril 1820, le sang des Hellènes n'a pas encore commencé à couler, la perspective d'un État grec indépendant, sans être tellement lointaine, demeure assez vague et les *Frantsézi* ont également la réputation d'être des libérateurs sur les rives de la Méditerranée, depuis le passage de Napoléon. Ce dernier a beau, à l'époque, se trouver cloîtré à Sainte-Hélène, l'une de ces îles de l'Atlantique que les navigateurs confondent depuis longtemps avec les baleines, Yorgos Kendrôtas n'est pas obligé de connaître, en matière de politique extérieure, les différends qui opposent la France de l'empereur démoniaque à la France du roi podagre, selon le surnom attribué au dernier Louis par ses adversaires politiques. En deux mots, les choses sont un peu plus compliquées que le tableau que s'efforcent d'en tracer certains écrivains grecs qui soutiennent, avec une fureur patriotique, que les Français nous ont volé la Vénus de Milo de la même façon

que Lord Elgin nous a volé les sculptures de la frise et les
métopes du Parthénon ou que la joyeuse bande des *dilettanti* a
dépouillé le temple d'Apollon Épikourios à Bassæ en Arcadie.

Cinq ans à peu près avant que n'émergeât la Vénus dans
le champ de Yorgos Kendrôtas, un autre Louis, Louis Ier de
Bavière, père d'Othon, premier locataire du trône au royaume
de Grèce, avait acheté le théâtre antique de Milo. Il allait
demeurer dans l'Histoire comme un illustre amateur d'art,
doublé d'un hellénolâtre – les deux penchants allaient de pair
à la fin du XVIIIe et au début du XIXe. C'est lui qui passa
commande à l'architecte Leo von Klenze pour la construction dans la Forêt-Noire du Walhalla, réplique du Parthénon.

À l'époque, l'argent provenant de la vente du théâtre avait
été encaissé par l'agha ottoman de Milo, qui avait décidé de
céder une partie de la somme aux notables grecs pour finan-
cer les études de deux jeunes gens à l'étranger, à la condition
qu'ils devinssent médecins. Il en résulta que personne ne fit
jamais d'études, pour la bonne et simple raison que les candidats au soutien pécuniaire n'ayant pas tardé à atteindre le
nombre de neuf, les primats ne purent se mettre d'accord sur
les critères d'attribution de la bourse. Dans l'intervalle, on vit
paraître un paysan qui, sous prétexte que ses moutons pais-
saient depuis deux générations sur les gradins broussailleux
du théâtre, exigea une partie de la somme, en invoquant
ce qui plus tard fut coulé en force de loi comme « droit

d'usucapion ». Cinq ans après, en tout cas, les piastres étaient toujours censées rester bien à l'abri dans un coffre au domicile de l'un des notables qui s'en servit comme d'un siège lorsque se réunit le Conseil des Anciens. On n'osait y toucher de peur que l'agha ne se mît en colère et ne réclamât son subside.

Quand le généreux et miséricordieux dignitaire ottoman s'inquiétait du sort des deux jeunes gens, étudiants en médecine, il semblait se satisfaire d'échappatoires : non, ils n'avaient pas encore pris de décision, ils attendaient qu'atteignît sa majorité un « garçon exceptionnel » qui, sans aucun doute, devrait être l'un des deux ! On décrit ce dignitaire comme un homme d'âge indéfinissable, aux cheveux blancs, mais au visage très jeune où luisaient deux yeux tristes : il quittait rarement son manoir, dans l'enceinte d'un *castro* vénitien. Là, il vivait en ermite avec une *hanoum* beaucoup plus jeune que lui, trois mercenaires albanais qui faisaient pour le surplus office de gendarmerie et toute une population de chats, une centaine selon les estimations les plus basses. Le culte qu'il vouait aux félidés domestiques était imputé à sa bigoterie. Outre le fait qu'il répétait en toute occasion que Mahomet ne se levait pas de son siège afin de ne pas gêner son chat, il prétendait que c'était le Prophète lui-même qui lui avait envoyé l'un de ses représentants, sous forme de chat, pour lui sauver la vie. Un jour, étendu sur le sable, il avait cédé au sommeil et n'avait pas fait attention à l'une de ces fameuses vipères rouges qui nichent dans les plages de l'île. Le reptile l'eût piqué, si, par miracle, n'avait surgi un chat blanc et noir aux grands yeux verts qui l'avait déchiqueté avec ses griffes. C'est à cet épisode qu'il attribuait le respect qu'il avait pour les quadrupèdes envoyés du Prophète qui, selon la mythologie musulmane, avait été sauvé lui-même par un chat de la morsure d'un serpent. Quant à son isolement, on le prêtait à cette sorte de dépression dont il souffrait en un temps qui méconnaissait ladite maladie et ne disposait pas, cela va sans dire, de médicaments pour l'affronter. En avril 1820, quand la Vénus émergea du silence des siècles, il était, lui, plongé depuis longtemps dans le silence de sa demeure. Il ne sortait plus jamais de chez lui.

Tous ces calculs concernant les tractations financières, les bourses d'études et le coffre rempli de piastres n'avaient pas aboli la magie du lieu. De vieilles croyances relatives à des puissances disséminées dans la région et susceptibles de vous mettre la cervelle en capilotade n'avaient pas perdu un gramme de leur prestige : il était admis généralement que si le sommeil vous prenait sur les gradins du théâtre ou dans l'un des champs alentour, quand vous vous réveilliez − si vous y parveniez, car le sommeil était lourd et tirait en longueur −, vous étiez incapable de distinguer hier, aujourd'hui et demain. Un imbroglio temporel de cette sorte provoquait, disait-on, une confusion sans précédent, car les victimes s'imaginaient que des choses qui étaient arrivées dans le passé allaient arriver dans le futur et que tout ce qu'elles vivaient à ce moment-là, soit elles l'avaient déjà vécu, soit elles allaient le vivre. Quelqu'un en vint à se suicider, du fait que chaque fois qu'il voyait le soleil se lever le matin, il croyait assister à l'un de ces levers qu'il avait vus par le passé, durant son enfance. Désespéré à l'idée de ne plus jamais voir un nouveau lever de soleil, plutôt que de continuer à revoir les anciens, il se noya.

Revenons à ce 15 avril 1820 où Yorgos Kendrôtas s'était trouvé confronté aux seins nus d'Aphrodite et, comme l'affirme le comte de Marcellus dans ses *Souvenirs*, avait décidé de les recouvrir. Yorgos Kendrôtas, qui, dans le texte de M. le Comte, a perdu son nom de famille et tout ce qui permet de l'identifier pour n'être plus que Yorgos. Pourquoi avait-il décidé de recouvrir la statue avec les pierres dont il venait à peine de la débarrasser ? Était-ce parce qu'il n'en croyait pas ses yeux, qu'il avait confondu en d'autres termes le marbre blanc avec les autres pierres autour de lui, comme le laisse entendre l'esthète, M. le Comte ? Fut-il scandalisé par le spectacle des seins nus d'une femme ? Ou bien, ayant à l'esprit tous les événements relatifs au théâtre antique, les piastres et les bourses d'études, a-t-il songé à dissimuler la statue antique pour gagner du temps, jusqu'à ce qu'il eût pris une décision ? Il n'est pas à exclure qu'il éprouva quelque frayeur, craignant d'avoir la cervelle sens dessus dessous parce qu'il avait, un peu avant, cédé au sommeil et s'était réveillé sous les cris de son apprenti, lequel venait de déplacer la pierre qui avait révélé les seins nus de la Vénus.

L'homme en question, l'apprenti de Yorgos Kendrôtas, ne figure dans aucun des témoignages français : il a été englouti par le silence en meme temps que le nom de famille de Yorgos, mais il apparaît dans les quelques témoignages grecs dont nous disposons sur la découverte et l'enlèvement de la statue. Ce n'est qu'un personnage muet, mais le rôle qu'il a joué dans toute cette affaire est bien plus important qu'il ne paraît à première vue. On l'appelait Andréas Kalokairinos, c'était le fils d'un pope de Cythère et Kendrôtas l'avait pris comme apprenti afin de l'adopter.

En 1820, ce ne devait pas être un enfant de plus de douze, quinze ans. Déjà ses origines trahissent un lien métaphorique avec la mythologie de la déesse qui a reçu, comme on le sait, le nom de Cythérée, outre celui de Cypris. Mais si l'on suppose que ce fut lui qui souleva cette pierre fatale grâce à laquelle fut découverte la statue, la suite de son existence laisse soupçonner que le geste n'eut pas lieu par hasard et que cet homme avait dans le sang un instinct archéologique qu'il transmit en héritage à son fils. Quelques années après les événements, quand Yorgos Kendrôtas mourut sans avoir réussi à adopter son apprenti comme il l'escomptait, Andréas

Kalokairinos quitta Milo pour la Crète où il se fixa à Fodélé, un peu plus loin qu'Héracleion. C'est là qu'il fit un riche mariage, réussissant apparemment dans le secteur de l'import-export, et c'est dans les dernières années du siècle que son fils, Minos Kalokairinos, découvrit Cnossos, bien des années avant que sir Arthur Evans ne reprît les fouilles avec les résultats que l'on sait. On dit que si Minos Kalokairinos arrêta ses recherches, ce ne fut pas par manque d'argent, car il dépensait généreusement la fortune de son père pour satisfaire sa passion archéologique, mais parce qu'il craignait que ses trouvailles ne fussent saisies par les autorités ottomanes. Isolé comme il l'était en Crète, ne disposant pas d'autre moyen de communiquer avec la communauté internationale, il réussit à envoyer à l'étranger certains objets pour convaincre qu'il n'était pas un illuminé qui avait creusé à l'aveuglette dans les terres de sa patrie. L'un de ces objets, une jarre d'assez grande dimension, se trouve aujourd'hui au British Museum, dans l'allée qui mène à la salle des marbres du Parthénon. La découverte de la Vénus de Milo et de Cnossos, en l'espace de deux générations, de père en fils, je dois admettre que ce ne peut être un coup du hasard.

Et ce n'est pas un hasard non plus si les soupçons concernant la disparition de la main gauche de la Vénus se sont concentrés régulièrement sur la personne d'Andréas Kalokairinos. Dans la mesure où l'apprenti de Yorgos Kendrôtas, âgé

d'à peine quinze ans à l'époque, reste muet et sans défense,
c'est lui qui a les capacités de prendre l'initiative. On peut
supposer qu'en déplaçant les pierres pour mettre au jour la
statue, il découvrit vraiment la main avec la pomme de discorde, mais qu'après les avoir replacées pour la recouvrir
selon les ordres de Kendrôtas, il perdit les pédales. On peut
supposer qu'il prit la main et la cacha sous un buisson ou dans
le creux d'un olivier sans savoir précisément ce qu'il allait en
faire. Les jours suivants, quand il y eut tout ce ramdam, il prit
peur et la fit disparaître pour ne pas avoir d'ennuis. Les
hypothèses se succèdent et souvent impressionnent par leur
absurdité et par leur naïveté. J'ai lu quelque part que Yorgos
Kendrôtas avait résolu de remettre la statue en terre afin de la
garder pour lui-même, ce qui signifiait retourner seul là-bas et
faire avec la déesse nue des choses rien moins qu'orthodoxes !

Les défenseurs de ce point de vue vont jusqu'à invoquer
une source antique, le pseudo-Lucien, qui vécut au IIe siècle
de notre ère et rapporte une visite qu'il fit à Cnide où se
trouvait alors la célèbre Vénus sculptée par Praxitèle sur le
modèle de son amante, l'illustre courtisane Phryné. Par opposition à sa rivale, la Vénus de Milo, qui est un exemplaire
unique et original, la Vénus de Cnide n'est connue que par ses
copies. Elle apparaît dans le musée du Capitole et dans celui
du Vatican, à Rome, mais elle figure aussi comme *Venus*

Pudica dans les collections des Médicis à Florence. Elle représente la déesse se préparant au bain. Entièrement nue, les cheveux ramenés en arrière, on aperçoit à côté d'elle une aiguière sur laquelle elle a posé son voile. Son attitude dénote la surprise, comme si, ayant pris conscience que quelqu'un la regarde tandis qu'elle se prépare ingénument à entrer dans son bain, elle s'efforçait de dissimuler sa gorge de la main droite et sa toison de la main gauche – on observera que, bien qu'elle ne revête pas la même signification que dans le cas de la Vénus de Milo, la main en question prend sous sa protection le sexe même de la déesse.

Soit dit en passant, la Vénus de Cnide est la moins méditerranéenne de toutes les Vénus que nous connaissions : elle a la gorge généreuse et des hanches de garçon. Bien qu'elle corresponde aux critères les plus modernes de la beauté féminine, sa sortie du purgatoire ne lui a valu ni la gloire ni le rayonnement de la Vénus de Milo.

La Vénus de Cnide était installée au cœur d'un petit temple rond avec vue sur la mer, entouré d'un jardin planté de vignes, de myrte et de lierre que devaient franchir les fidèles pour arriver jusqu'à elle. Pour mériter la contemplation de leur chère déesse, les adorateurs se trouvaient ainsi plongés dans un bain de sensualité un peu kitsch. Ce type d'initiation est à prendre au premier degré, car, selon le récit du pseudo-Lucien, les fesses de la statue, aussi bien que le muret

protecteur qui l'entourait, étaient couvertes par les taches de
sperme des jeunes adorateurs. Bien plus, étant donné que
l'idole de la déesse était peinte de couleurs vives et qu'un
artiste du cru se chargeait de les rafraîchir à date régulière,
j'imagine ce dernier poursuivant de ses foudres commina-
toires tous les fidèles qui s'approchaient et se colletant avec le
gardien qui leur permettait contre espèces sonnantes et trébu-
chantes de serrer dans leurs bras la statue et de se soulager sur
la peinture.

De quelle couleur l'artiste inconnu avait-il revêtu la chair
de Vénus ? Était-elle rouge brique ou plutôt ocre ? Choi-
sissait-on une couleur pour la peau féminine et une autre pour
la peau masculine, selon la coutume des peintres de vases ?
J'ai peine à croire que l'on utilisait ces couleurs hyper cou-
vrantes qui dissimulent totalement le grain du marbre et dont
certains artistes du XIXe siècle se sont servis pour tenter de
représenter les antiquités comme si elles étaient peintes. Ces
coloris correspondent davantage aux goûts néo-classiques et
il est plus vraisemblable que le peintre d'alors a eu recours à
ces couleurs terreuses et quelque peu transparentes conser-
vées sur certaines stèles funéraires ornées de peintures.

Les coutumes du IIe siècle de notre ère, c'est une chose.
C'en est une autre de croire que Vénus est la déesse appro-
priée aux élans amoureux. Et les mœurs du XIXe siècle, c'en
est encore une troisième, dans l'environnement sévèrement

orthodoxe des Grecs de Milo où la sobre figure de la Vierge, avec son déficit de féminité, fixait les critères de la beauté féminine. Il y a une différence entre une statue intacte et surtout revêtue de couleurs qui contribuent à sa vraisemblance et un tronc brisé, exempt de bras, allongé dans votre champ parmi les pierres, souillé encore de terre, d'herbe et d'humidité. Loin de moi l'idée de méconnaître l'impression qu'a dû faire, sur Yorgos Kendrôtas et sur son apprenti, l'apparition inattendue parmi les ombres matinales d'une gorge dénudée de femme. Quand toujours sous l'effet du sommeil et sans nourrir le moindre soupçon, ils se dépêchaient de ramasser leurs pierres histoire d'en finir une heure plus tôt ! Cela s'appelle un viol du quotidien et cela montre la manière dont une œuvre d'art, issue de la lointaine réalité qui la vit naître, s'inscrit dans le présent comme une fissure créée à la surface du temps. L'impression est d'autant moins contrôlable que l'œuvre surgit dans la nature, comme un élément quasi vivant en somme, bien avant d'être rangée dans une quelconque salle de musée, parmi ces créatures sexuellement interchangeables exhibées à l'intention des visiteurs avertis.

Ainsi peut s'expliquer ce murmure, « ma Vénus », qui s'échappa spontanément des lèvres de Voutier, comme le soupir de la passion qu'il éprouvait pour Mme Brest. Ainsi peut se comprendre la nervosité que ressentit Yorgos quand il vit pour la première fois la Vénus et la gifle dont il gratifia son apprenti, sans rien trouver de mieux à faire. En toute vraisemblance, cette première claque fut suivie d'une deuxième dès que Yorgos eut constaté qu'Andréas Kalokairinos persistait dans son immobilité, comme une statue de sel, choqué par le spectacle de la femme nue au point d'en être terrorisé et de prendre ses jambes à son cou en pleurant, serrant dans son poing la main gauche de la déesse que Yorgos n'avait pas repérée dans la pénombre. Oui, c'est ainsi qu'a dû s'évanouir la preuve irréfutable de l'identité de la déesse.

La seule certitude, c'est qu'à l'aube du 15 avril 1820, Yorgos Kendrôtas et son apprenti Andréas Kalokairinos découvrirent dans leur champ la statue de la femme nue. Une autre certitude, c'est que, plus tard, le même jour, à midi ou après midi, avec les voiles à moitié gonflées par le vent léger du nord-ouest, on vit glisser sur les eaux du golfe de Milo la goélette *L'Estafette*, hissant le pavillon à fleur de lis des Bourbons, et placée sous le commandement du sieur Robert. Nous savons en outre que sur le navire avait embarqué le jeune aspirant Olivier Voutier qui fit se pâmer Catherine Brest sur la jetée aussitôt qu'elle le vit, lui-même se dépêchant de la recevoir dans ses bras pour la protéger des conséquences d'un effondrement brutal. Durant les trois jours qui suivirent, au premier regard profond qu'échangèrent les deux tourtereaux sur la scène de la pâmoison s'ajoutèrent d'autres œillades d'une égale intensité, assorties de promesses et de projets d'avenir et, parmi d'autres symptômes de leur fièvre amoureuse, on nota une tendance récurrente à s'enlacer et à s'embrasser qu'ils ne purent satisfaire qu'à deux ou trois reprises, en catimini. Il semble que le jeune aspirant, décidé à tempérer quelque peu l'effet de sa passion, tant qu'il ne pouvait se trouver aux côtés de l'élue de son cœur, errait aux alentours, montrant une prédilection pour les gradins du théâtre antique d'où il jetait durant des heures des regards rêveurs sur l'horizon marin, de préférence avant le crépuscule, en cherchant quelque issue à ses sentiments.

C'est là que Yorgos Kendrôtas fit sa rencontre et le croyant intéressé par les antiquités – il se souvenait de la manière dont ce baron, envoyé de Louis de Bavière, parcourut la région avant de se décider à acheter le théâtre –, il résolut de lui montrer sa découverte qu'il avait enfouie sous les pierres. Il faut remarquer que Voutier, dans la lettre qu'il envoie au comte de Marcellus quarante ans plus tard, prétend que ses promenades dans le périmètre étaient dues à ses intérêts archéologiques, mais il conviendra plutôt de les attribuer à l'envie qu'il avait de protéger la réputation de Mme Brest et de préserver cette précieuse vie sentimentale dont il accorde l'exclusivité à sa mémoire. Voyant la Vénus, Olivier Voutier prit la décision d'en faire un dessin et conçut en même temps le projet de fuir avec Catherine Brest.

Il n'est pas exclu que leur projet eût été couronné de succès si, le 16 du même mois, la gabare *La Chevrette* n'avait pas jeté l'ancre dans le port de Milo, avec à son bord l'enseigne de vaisseau Dumont d'Urville et si Andréas Kalokairinos, indigné par les gifles et par l'attitude de son patron, n'avait vendu la mèche.

3

« Où sont-ils ces farceurs à barbes pointues qui veulent des émotions, du terrible à tout prix ? Et vous, messieurs de l'Institut, qui faites des théories les pieds sur les chenets, quelle ample moisson d'observations vous perdez : ... il n'y a qu'à se baisser et à prendre... En vérité je vous le dis, vous avez eu tort de préférer vos moelleux oreillers aux hamacs de *L'Astrolabe*. Outre toutes les découvertes dont vous auriez pu enrichir la France, vous perdez un beau spectacle, celui de deux braves navires se préparant à lutter vaillamment au milieu des glaces menaçantes du pôle austral. »

Quelque vingt ans après la découverte de la Vénus, quand Dumont d'Urville consignait ces propos dans son journal, il était en train de s'efforcer, avec son navire, *L'Astrolabe*, de fendre les glaces pour atteindre le pôle sud, le pôle magnétique de la terre. Il projetait de dépasser le point où s'était arrêté l'explorateur anglais Weddell, lequel, surnommé le menteur, prétendait avoir traversé le cercle polaire de l'Antarctique afin d'ouvrir une route menant à une latitude qu'aucun être humain n'avait eu jusqu'alors l'audace d'approcher. Le voyage de Dumont d'Urville avait été commandité par le roi Louis-Philippe en personne, de la famille d'Orléans, successeur, après le soulèvement de 1830, de Charles X, le dernier Bourbon à s'être assis sur le trône de France. Au début du XIXe siècle, la marche de la Grande Armée de Napoléon avait sensiblement rétréci les frontières de l'Europe et les grandes puissances, pour être à la hauteur, concentraient leurs ambitions impérialistes dans l'exploration de la terre et la découverte de pays lointains susceptibles d'enrichir leur territoire.

L'Astrolabe fut finalement vaincu par les glaces. D'Urville ne réussit pas à naviguer à travers le pôle magnétique de la terre, mais il explora un secteur complet de l'Antarctique qui fut baptisé Adélie et l'annexa pour le compte de son roi, Louis-Philippe. Revenu dans sa patrie, il ramenait dans ses bagages une riche moisson d'observations, ce qui lui permit d'affronter avec un certain dédain les ennuyeux messieurs de l'Institut « à barbes pointues, les pieds sur les chenets ». De ses voyages en Polynésie, Mélanésie, Malaisie, Micronésie et Nouvelle-Guinée, il rapporta un recueil de mille six cents espèces de plantes, cinq cents insectes, des croquis de mille deux cent soixante-trois animaux, des échantillons de neuf cents sortes de rochers et un certain nombre de commentaires remarquables sur les fantômes insulaires qui égarent les voyageurs dans les mers du Sud. Depuis lors, le petit corbeau qui se reproduit dans ces régions se nomme *Rollier d'Urville*, ou *Coracias Papuensis*, et le nom du Français dans sa version latine correspond à l'appellation de trois sortes d'algues, *Hydropuntia Urvillei*, *Halymenia Urvilliana* et *Marginaria Urvilliana*.

En un mot comme en cent, l'enseigne de vaisseau de la gabare *La Chevrette* qui débarqua sur la jetée de Milo le 16 avril 1820 n'était pas n'importe qui. À trente ans, car il avait cet âge à l'époque où il est supposé avoir découvert la Vénus, sans doute n'avait-il pas encore conquis ses galons d' explorateur célèbre, mais il faut croire que certaines de ses qualités exceptionnelles préfiguraient cette incontestable notoriété qui lui vaudrait au final un article assuré dans toute encyclopédie scientifique digne de ce nom. Ayant sérieusement étudié le positivisme d'Auguste Comte et délivré en conséquence de tout mirage idéaliste, il pouvait se flatter de ses connaissances dans le domaine de l'astrologie, de la botanique et de l'entomologie, mais également de la maîtrise d'un total de huit langues, outre son français maternel. Il parlait ou lisait l'anglais, l'allemand, l'italien, le russe, le chinois, l'hébreu, le grec (*ancien*, cela va de soi) et le latin.

En outre, il avait pour lui son opiniâtreté. Comme l'assurent tous ceux qui l'ont connu, il souffrait chroniquement d'un complexe de supériorité et s'employait à l'étaler au grand

jour devant ses relations, qu'il avait coutume de toiser. La
confiance qu'il mettait en lui-même ne l'empêchait pas de
s'énerver à la première occasion. Mais ordinairement, c'était
un homme posé, quoique dynamique en même temps. Il se
comportait comme un savant sans oublier qu'il était un
marin. Ses critiques l'accusaient d'être un rusé, un arriviste et
le piètre jouet de sa gloire personnelle, autant de faiblesses
susceptibles de heurter la frilosité ordinaire, mais qui, en
certaines circonstances, ajoutent un peu de piment dans
l'existence.

Pour le reste, il était de haute taille, dégingandé, et se
plaisait à circuler en tenue négligée, comme s'il se trouvait sur
le pont de son navire. Il passait la journée coiffé d'un chapeau
de paille qui ne le quittait pas au cours de ses explorations.
Comme l'indique son portrait, reproduit sur un vieux timbre
britannique qui, jadis, valait deux pence et demi, il devait
entre autres à la minceur de ses lèvres serrées sur son menton
en galoche l'impression d'arrogance qu'il dégageait.

Le 8 mai 1842, Dumont d'Urville, vice-amiral désormais,
prit place avec sa famille dans un de ces wagons en bois de
la ligne régulière qui devaient partir quelques minutes plus
tard de la gare de Montparnasse en direction de Versailles.
À un moment donné du parcours, le train atteignit les quatre-
vingts kilomètres heure, une vitesse vertigineuse eu égard aux
capacités techniques de l'époque. D'où le déraillement de la

locomotive à vapeur et l'embrasement des wagons qui s'étaient écrasés sur elle. La France eut beau accompagner l'explorateur dans sa dernière demeure en lui offrant des funérailles aux frais de la collectivité : la plus haute distinction dont l'honora son pays, Dumont d'Urville ne la devait ni à ses voyages au pôle Sud, ni aux corbeaux, ni aux algues dont il avait célébré le baptême, ni aux mollusques ramenés vivants des mers du Sud dans des récipients remplis d'eau de mer. L'insigne de la Légion d'honneur, il le devait à sa Vénus.

C'est le 1ᵉʳ décembre 1820 que Dumont d'Urville évoque pour la première fois en public le rôle de premier plan qu'il a joué lui-même dans la découverte de la précieuse statue qui n'a pas encore trouvé place au Louvre. Le titre de son discours est à l'égal de son style : *Seconde relation de la campagne hydrographique de la gabare du Roi* La Chevrette, *dans le Levant et la mer Noire pendant l'année 1820, par M. d'Urville, enseigne de vaisseau.* Suivent la description des buts de l'expédition, de l'arrivée du vaisseau à Milo afin de régler les instruments de pilotage, et le recensement des découvertes engrangées par l'explorateur au cours des trois premiers jours de son circuit dans la nature. Il s'agit de quinze variétés de plantes qui lui avaient échappé l'année précédente. Satisfait des mauves et des thyms dont il a enrichi sa collection, il s'en est allé, le 19 avril, jeter un œil sur « quelques morceaux d'antiquité découverts à Milo avant notre arrivée ». Comme il l'assure au

public de sa conférence, c'est dans la mesure où ces « morceaux » lui ont paru dignes d'attention qu'il s'est mis à consi-
gner immédiatement après, pour son propre compte,
« le résultat de ses observations ». La froideur avec laquelle
d'Urville prépare l'apparition de la Vénus est typique de la
personnalité d'un homme qui s'intéresse d'abord aux
mauves et, le cas échéant, consacre un peu de son attention
aux antiquités, mais l'usage même de l'expression « morceaux
d'antiquité » révèle la mentalité de toute une époque. Contrairement aux œuvres d'art qui sortent de l'atelier des artistes
contemporains, c'est la nature qui fournit aux amateurs les
« morceaux d'antiquité ». Neuf fois sur dix, ils poussent du sol
sans qu'on les cherche, comme la mousse et les minerais.
Tout ce qu'ils vous demandent, c'est le don d'observation et
les connaissances qui vous permettront de les ranger dans la
panoplie de vos savoirs, selon leur appartenance. J'ignore ce
que doit à cette mentalité l'idée que la beauté classique est
synonyme de beauté naturelle, une idée lancée par Winckelmann, mais adoptée par des génies aussi différents que
Hölderlin et Rodin. À l'époque en tout cas, et dans la tête de
d'Urville, il est sûr que le chercheur d'antiquités n'est rien
de plus qu'une subdivision de la catégorie générale du naturaliste. Par conséquent, il est légitime pour lui d'envisager sa
Vénus de la même manière qu'il envisage le laurier du Pont, le
lis de Chalcédoine ou l'arum d'Anatolie.

Et c'est de cette manière qu'il progresse dans le développement du thème principal de son rapport. Il décrit l'espace environnant, la colline avec le théâtre antique avant de révéler que quelques jours avant son arrivée, un « paysan grec bêchant son champ... rencontra quelques pierres de taille... et comme ces pierres employées par les habitants dans la construction de leurs maisons ont une certaine valeur, cette considération l'engagea à creuser plus avant, et il parvint ainsi à déblayer une espèce de niche dans laquelle il trouva une statue en marbre, deux Hermès, et quelques autres morceaux également en marbre ». Suit une description de la statue qui a aidé, je suppose, l'orateur à impressionner son public par la précision de ses observations : « La statue, dont je mesurai les deux parties séparément, avait à très peu de chose près six pieds de haut ; elle représentait une femme nue, dont la main gauche relevée tenait une pomme, et la droite soutenait une ceinture habilement drapée et tombant négligemment des reins jusqu'aux pieds : du reste, elles ont été l'une et l'autre mutilées, et sont actuellement détachées du corps. Les cheveux sont retroussés par derrière, et retenus par un bandeau. La figure est très belle, et serait bien conservée si le bout du nez n'était entamé. Le seul pied qui reste est nu : les oreilles ont été percées et ont dû recevoir des pendants. »

Nous voilà arrivés au point où certaines hypothèses sont formulées avec la caution relative de la déduction scientifique : « Tous ces attributs sembleraient assez convenir à la Vénus du jugement de Pâris ; mais où seraient alors Junon, Minerve et le beau berger ? Il est vrai qu'on avait trouvé en même temps un pied chaussé d'un cothurne, et une troisième main : d'un autre côté, le nom de l'île, Milo, a le plus grand rapport avec le mot qui signifie *pomme*. Ce rapprochement de mots ne serait-il pas indiqué par *l'attribut principal de la statue* (c'est moi qui souligne) ? »

L' « attribut principal de la statue » ? Mais où se trouve cet « attribut principal » ? Pour quelle raison Olivier Voutier laisse-t-il de côté l' « attribut principal » quand il dessine l'ensemble de la statue et revient le jour suivant dans le champ de Yorgos pour croquer les gardiens de la Vénus, les deux Hermès, l'un à tête de vieillard, l'autre à tête de jeune homme et avec des traits féminins prononcés, quasi hermaphrodites ? Peut-être cet « attribut principal » est-il une trouvaille virtuelle, comme le sont également les autres membres du groupe, Junon, Minerve et Pâris ? Peut-être le sieur d'Urville choisit-il ce moment pour afficher ses nobles intentions, son ambition, sa mégalomanie qui peuvent désormais s'emballer sans rencontrer d'obstacle ? Il a découvert une statue, mais elle ne lui suffit pas, il veut aussi le groupe qui, peut-être, se trouve là quelque part, comme les quinze espèces de plantes qui lui ont échappé l'année précédente. Même si le découvreur est quelqu'un d'autre, son public se souviendra qu'il fut le premier à signaler l'existence de l'ensemble. Si la statue n'est pas vraiment une statue au sens propre, mais un élément dans un groupe, alors sa découverte passera du niveau de la victoire à celui du triomphe. N'oublions pas que les groupes sont à la mode, que la référence absolue en matière de goût classique, c'est le groupe du Laocoon que Napoléon a transporté au Louvre, mais que Louis XVIII a été forcé de restituer au musée du Vatican où il se trouve encore. En bonne logique, le fameux d'Urville ne désire-t-il pas assumer le rôle de l'homme qui a comblé le vide laissé par le Laocoon et ses enfants quand ils ont quitté le Louvre ? Qu'est-ce qu'une main par rapport à un groupe entier ? Un détail qui se promène là-bas quelque part sous forme d' « attribut principal ».

Venons-en à la suppression du nom de Kendrôtas. Pour le sieur d'Urville dont la présomption ne laisse pas d'être agaçante, ce Yorgos n'est qu'un « paysan grec », l'un de ceux qui, pour satisfaire leur « cupidité », cherchent dans leur champ à dénicher des statues, alors que lui cherche des statues pour combler son appétit de savant désintéressé. Mais pourquoi omet-il de signaler la présence de l'aspirant Olivier Voutier ? Peut-être est-il en train de mesurer tout ce qu'il y aurait d'inconvenant à souffrir la présence d'un partisan du « monstre » qui pourrit à Sainte-Hélène dans le cortège de marquis et de comtes, de savants et de statues qu'il organise pour la gloire, présente et future, du représentant des

Bourbons ? La lecture du chef-d'œuvre d'Alexandre Dumas, *Le Comte de Monte-Cristo*, fournit pas mal de renseignements utiles sur la manière dont on traitait les partisans de Bonaparte au temps de la Restauration. En tant que fidèle de l'empereur, Voutier est une fausse note dans le chœur royal qui entoure la Vénus. Mais peut-être d'autres raisons, plus personnelles, ont-elles dicté l'exclusion du nom de l'aspirant ?

Nous avons laissé Olivier Voutier au moment où, le croquis de la statue en main, il s'apprête à mettre à exécution son plan de double escapade, la sienne et celle de Catherine Brest. Il est clair que, pour mener à bien ses projets, l'aspirant, tout à sa romance, est contraint de montrer le croquis à la première intéressée, en accompagnant son geste des petits cadeaux d'usage chez les amoureux, de promesses renouvelées et de flambées d'optimisme. Mais il lui faut également le montrer au mari. Lui doit, entre autres, se convaincre de la valeur de la trouvaille pour autoriser le voyage à Constantinople et la présentation de la Vénus à l'ambassadeur en poste. De la part de Voutier, montrer la statue au mari implique évidemment le recours à toutes sortes d'arguments pour prouver qu'il s'agit bien de la déesse Vénus et qu'elle a surgi en personne de la terre de Milo, prête à combler le vide laissé jusqu'alors par son absence dans l'histoire de l'art en général et en France en particulier.

Louis Brest ne se doute probablement pas de la manière dont la déesse ruine sa quiétude conjugale par le biais de son organe exécutif, l'amour. Décidé à apprécier la découverte à sa juste valeur, il accepte l'idée que toute l'affaire présente un intérêt, mais nourrit néanmoins quelques réticences dans la mesure où l'œuvre en question est revenue au jour mutilée : en conséquence de quoi, si c'est un chef-d'œuvre, il s'agit d'un chef-d'œuvre handicapé ! Le goût néo-classique est friand de marbres qui ont réussi à voyager à travers les siècles en conservant leur intégrité corporelle. Le culte de l'authentique et du fragmentaire – d'autant plus prodigue d'authenticité qu'il est fragmentaire – fait son apparition plus tard et ne peut donc, dans ce cas précis, influer sur le cours des choses.

Pour l'heure, malgré le romantisme exacerbé de ses humeurs, Olivier Voutier semble avoir réglé ses plans avec une précision d'horloger. Il transmet au consul la promesse de Yorgos Kendrôtas de poursuivre dès le lendemain matin les fouilles à une plus grande profondeur afin de déterrer à leur tour les deux mains de la déesse, car « logiquement, selon toutes les indications, elles doivent se trouver là-bas quelque part ». Cette promesse, Voutier ne l'a pas inventée de toutes pièces. C'est ce que Yorgos Kendrôtas lui avait répondu, quand lui-même s'était écrié avant de prendre un croquis de la statue : « Quel dommage ! Avec des mains, elle avait une plus grande valeur ! » Le paysan grec lui avait tenu des propos

rassurants : « Je vais les dénicher dans le coin. Elles ne doivent pas être allées bien loin. Ce sont des mains, elles sont en
marbre. »

Avec une égale confiance en lui, l'aspirant anticipe sur les
hésitations du consul qui sont dues au fait que l'œuvre est
brisée en deux. Il le rassure en lui disant que les deux morceaux sont brisés de telle manière qu'ils peuvent s'adapter
l'un à l'autre si nécessaire et que les deux ensemble forment
un corps entier d'une hauteur de six pieds, soit deux mètres
actuels, comme il a pu le calculer sur place, à la va-vite. Bien
que la grandeur de l'objet trouvé impressionne davantage
Louis Brest que le croquis lui-même de Voutier (lequel, en
vérité, ne restitue pas la grâce de l'œuvre), le consul se garde
de satisfaire à la demande du jeune aspirant de réaliser avec lui
une autopsie *in situ*. La demande concerne l'aide que pourrait
fournir le consul, comme représentant légitime du roi de
France, dans l'acquisition de la sculpture. Vraisemblablement
Voutier ne lui a pas encore fait part de son intention d'aller
jusqu'à l'ambassade de Constantinople, il se contente de solliciter son aide, le flattant du même coup par l'importance qu'il
accorde à l'autorité de son jugement. Nous sommes en droit
de supposer que, malgré tout ce qu'il a entendu, le sieur Brest
n'a pas pris la peine de parcourir la distance qui sépare
l'habitation consulaire du champ de Kendrôtas pour constater *de visu* ce qui a été dit. Avec tant de navires réunis au port

et tant de ressortissants qui relèvent de sa compétence, où trouverait-il le temps ? Il est tout aussi clair que le sieur Brest n'a pas la moindre raison de garder toute cette affaire pour lui-même. La découverte d'une statue dans sa circonscription est susceptible de valoriser sa fonction et sa présence dans l'île que d'aucuns ont tendance à réduire à l'établissement de documents de voyage, à la gestion de registres maritimes indiquant le port de provenance et le port de destination et à toutes sortes de broutilles bureaucratiques. Cela lui donne une occasion inespérée de rabattre le caquet au sieur Dumont d'Urville qui, du jour où il a posé le pied à Milo, n'a pas manqué de lui rappeler en toute circonstance que la mission océanographique dont il fait partie, la mise au point de la cartographie des bords de l'Abkhazie et de plusieurs autres régions de la mer Noire, est une œuvre qui n'intéresse pas seulement la France, mais l'Europe entière.

La découverte de la statue est également de nature à faire oublier toute cette poudre aux yeux que s'efforce de jeter le sieur d'Urville tel qu'en lui-même, lorsque chaque soir, à la table consulaire, il aligne toutes sortes de noms latins de plantes cueillies au cours de la matinée, avec l'air de s'étonner qu'on n'en ait pas pris connaissance depuis le temps que ces plantes – avec leur nom latin en plus, cela va de soi ! – se trouvaient à leurs pieds et attendaient quelqu'un pour les

cueillir ! Les particularités pharmaceutiques de ces plantes, la
valeur nutritive de certaines d'entre elles ou simplement
l'importance scientifique d'autres espèces font le va-et-vient
dans le prétentieux caquetage de l'enseigne de vaisseau de
première classe. C'est avec la même fréquence que se présen-
tent tous les commentaires désobligeants dont il accable le
niveau culturel des habitants de l'île. Il affirme ainsi que pour
certaines raisons, mais particulièrement du fait de leur ignorance, ils croient parler le grec, alors que ce n'est pas du grec,
puisque le grec qu'il entend autour de lui n'a pas le moindre
rapport avec celui qu'il connaît lui.

Afin de conférer le plus d'importance possible à l'annonce
de la découverte, le sieur Brest a également convié à sa table
Olivier Voutier muni de son croquis, pour endiguer l'outre-
cuidance accablante du sieur d'Urville. Je puis en outre supposer que le consul doit, entre autres, affronter ce soir-là
le comportement de son épouse qui offre tous les signes de
l'inquiétude. Dès l'instant où elle a su que l'aspirant devait
se joindre à l'assemblée avec sa Vénus, son visage ordinairement pâle est devenu blanc comme un linge, ses mains se
sont mises à trembler et elle a sursauté à la moindre occasion
comme si elle sentait derrière ses épaules, à un souffle de
distance, la présence d'une menace invisible. Le consul, bien
sûr, n'était pas en mesure de savoir que sa moitié craignait que
lui-même, ou quelqu'un d'autre, ne reconnût dans le visage de

la Vénus ses propres traits, car elle croyait, comme cela se produit en pareil cas, que ses sentiments étaient clairement imprimés sur son visage.

Je puis également supposer que, sitôt le dessin placé sous les yeux du sieur Dumont d'Urville, ce dernier l'examina comme s'il avait devant lui l'un des échantillons de sa fameuse collection. Ordinairement froid et insensible comme il convient à un savant omniscient, il décréta que la femme présentait certes un intérêt, « autant que l'on puisse en juger d'après cette esquisse », mais que, malheureusement, il n'était pas possible de la considérer comme une œuvre complète, puisqu'il lui manquait les deux mains. C'est à ce moment-là que le sieur Voutier fit part derechef de sa conviction que les mains seraient sûrement retrouvées à brève échéance. Le sieur Brest renchérit en affirmant que, pour autant qu'il s'agît d'une statue de la déesse Vénus, il était très vraisemblable, sinon certain, que, dans l'une des deux mains, elle devait tenir la pomme de discorde, dans la main gauche, disons − on ignore pourquoi il songea à celle-ci −, et que, par voie de conséquence, on pouvait conclure avec certitude qu'il s'agissait d'une représentation de la Venus Victrix. Dès lors, on ne devait pas exclure l'éventualité que les autres acteurs de la scène, Junon, Minerve et Pâris, ne se « baladent » quelque part, dans le coin. S'il alla jusqu'à se servir du verbe « se balader », ce fut en connaissance de cause, pour montrer

l'aisance avec laquelle il maîtrisait tous ces savoirs mythologi-
ques, à croire qu'il les rencontrait quotidiennement dans ses
documents de voyage. En terminant, il demanda au sieur
d'Urville s'il souhaitait participer de son côté à la « campagne
pour l'achat de la statue », question à laquelle le navigateur,
à l'époque très prometteur, répondit par la négative, sans
perdre évidemment l'occasion de rappeler qu'il était à Milo
pour prendre part à la mission océanographique dont le but
était d'achever la cartographie des rivages de la mer Noire,
« une œuvre qui n'intéressait pas seulement la France, mais
l'Europe entière », comme il le répéta une énième fois en
savourant chacun de ses mots. Avec ce style qui forçait les
autres à admettre que c'étaient lui et ses opinions qui constituaient le point le plus intéressant de la discussion, il précisa
que, même si les rivages d'Abkhazie et les embouchures du
Phase n'attendaient pas après lui pour qu'il en dressât la carte,
il hésiterait à investir ne fût-ce qu'une miette de son don
d'observation dans la déesse mutilée. Il s'exprimait alors
comme s'il avait vu la statue de ses propres yeux, comme s'il
l'avait suffisamment étudiée pour être en droit de décréter
que « le fragment présente un intérêt, à ceci près qu'il ne
s'agit que d'un fragment et qu'il ne soutient la comparaison ni
avec l'Apollon du Belvédère, ni avec le subtil Bernin,
ni, pourquoi pas ?, avec l'un ou l'autre instant de bonheur de
M. Canova ».

Emporté par son élan, il semblait désormais courir après ses pensées, attribuant une fois de plus le silence de l'assemblée à l'admiration que suscitait l'agilité de ses effets de manche, sans que nul ne comprît – pas même lui – comment et pourquoi il en était venu à faire des développements de nature géopolitique en vertu desquels on devrait se prononcer sur l'utilité d'acquérir ou non la statue! Il jugeait par exemple que le roi Louis avait agi au mieux quand il avait décidé de restituer l'Apollon du Belvédère au musée du Vatican. C'était faire ainsi la preuve de sa piété en rappelant du même coup à la diplomatie du Saint-Siège que la seule puissance authentiquement catholique en Méditerranée portait le pavillon à fleur de lis des Bourbons et que le pontife avait toutes les raisons d'avoir confiance en elle et de lui accorder son soutien tant que durerait la rivalité avec les hérétiques d'outre-Manche. Si cette rivalité était inégale, si, dans les ports de la Méditerranée, la présence du pavillon britannique paraissait écrasante, la faute n'en incombait à personne d'autre qu'à l'exilé de Sainte-Hélène et à l'inconstance de sa politique. Il ajoutait que lui-même ne se rangeait point parmi les extrémistes qui traitaient Bonaparte de tyran, qu'il l'avait admiré quand toute la France devait l'admirer, mais qu'après son débarquement à Cannes, il ne l'avait pas suivi. Il jugeait d'ailleurs que la boue et le sang de Waterloo étaient un poids totalement excédentaire dont l'exilé avait chargé les épaules

de la France dans le seul et unique dessein de servir ses
ambitions. Cette sortie sur la boue et le sang à Waterloo, ce fut apparemment la goutte qui fit déborder le vase. Considérant qu'il
avait en face de lui un nouvel échantillon de la misère de la
Restauration, l'un de ceux qui, avant-hier encore, applaudis-
saient les triomphes de la Grande Armée et continuaient
aujourd'hui à applaudir... la goutte du roi Louis, le jeune
aspirant exigea des explications. Monsieur d'Urville lui devait
un éclaircissement. S'il admirait l'empereur quand toute la
France devait l'admirer — il utilisait exprès, cela va sans dire,
le mot « empereur » interdit au temps de la Restauration —,
alors il devait l'admirer à l'époque où il fit transférer l'Apollon
du Belvédère du musée du Vatican au musée de Napoléon.
En conséquence, il admettait que ce transfert s'effectuait au
bénéfice de la France. Mais il admettait en même temps que
Louis devait restituer les chefs-d'œuvre à ses anciens propriétaires pour gagner la confiance du Saint-Siège. Est-ce que
Monsieur d'Urville n'avait pas compris ce que tous les autres
avaient compris, à savoir qu'il n'arrêtait pas de se contredire,
ce qui signifiait qu'il ne savait pas ce qu'il disait ?

Nul n'est en mesure de savoir quelles auraient pu être les
conséquences de la réplique de d'Urville. En souriant malgré
tout, l'enseigne de vaisseau demanda à son interlocuteur, dans
son style le plus acide, s'il avait des difficultés à suivre le cours

précipité de ses pensées (on eût dit qu'il était forcé de faire quelque chose qui lui déplaisait particulièrement parce que cela le dévalorisait, comme un sage peut se sentir dévalorisé à débattre avec un imbécile, même si toutes les conditions démocratiques sont réunies). Il s'empressa d'ajouter que si tel était le cas, il reprendrait tout depuis le début, à un rythme plus lent, pour lui donner l'occasion de bien saisir qu'aucune contradiction ne faisait tort à l'harmonieuse logique de ses propos. Nul ne peut savoir quel eût été le sort de la Vénus de Milo, laquelle ne serait peut-être jamais arrivée au Louvre, si Olivier Voutier avait répondu comme il en avait l'intention au sieur Dumont d'Urville, s'il n'avait été interrompu par la pâmoison de Catherine Brest – la deuxième ou la troisième à la suite, après la première sur la jetée, à la vue du jeune aspirant. Le murmure qui suivit son profond soupir et son effondrement sur le fauteuil, comme si son corps se vidait de son oxygène et que ses yeux bleus s'enfonçaient dans la nuit de ses sens évaporés, les gestes pressés, la fenêtre qui s'ouvrit aussitôt libérant un flot débordant de fraîcheur, les sels qu'on s'empressa de lui faire respirer et la plante que proposa d'Urville comme remède idéal dans des cas similaires, tout cela dissipa la tension qui avait été créée ou du moins en retarda l'éclatement jusqu'à une date plus favorable.

Le lendemain matin, Olivier Voutier fut contraint d'admettre qu'il devait différer l'exécution de ses projets. À la pâmoison de Mme Brest succéda une indisposition qui la fit s'aliter tout le jour. C'est ainsi qu'elle évita tout contact avec le feu implacable du soleil répandu sur l'île égéenne, dans la limpidité absolue d'un matin de printemps, la transparence de l'atmosphère qui faisait apparaître les purs contours du paysage et le pur horizon marin, la clarté de la ligne au point où la mer rencontrait le ciel, où une nuance dans le bleu du ciel rencontrait une autre nuance.

Quant au mari, si agacé qu'il fût par le style et la manière de Dumont d'Urville, il songea tout simplement qu'il devait prendre en compte ses hésitations concernant la valeur de la statue et ne pas se livrer sans délibérer à la poursuite d'un trésor douteux qui risquerait de mettre en danger son prestige.

En ce qui regarde le candidat navigateur, il résolut d'examiner de ses propres yeux l'objet trouvé et ce fut pour constater qu'il ne suffisait pas que la statue fût brisée en deux, il ne suffisait pas qu'elle fût mutilée, il fallait en plus qu'elle ne fût qu'une moitié de statue. Quand il se rendit dans le champ de Yorgos Kendrôtas, comme il le dit lui-même dans son rapport, il ne put rien voir de plus que la moitié inférieure du corps de Vénus, ses hanches et ses pieds enveloppés dans les plis de son voile.

Ils avaient tous réglé leurs projets sans tenir compte du petit apprenti de Yorgos Kendrôtas, Andréas Kalokairinos.

4

Durant ces jours-là, l'on vit aussi un homme écrire un poème sur « la main gauche de la Vénus ». *La déesse féconde*, tel était le titre. Quant à l'homme en question, il répondait au nom de Démosthène Sophocléous, un pseudonyme évidemment.

Toi qui perdis la main gauche, ô déesse,
Marmoréenne Cythérée, fais-moi l'offrande de la pomme !
Déesse aux cheveux d'or, ô féconde accoucheuse,
Femme de Grèce à tous commune !
Déesse, pure déesse, Femme,
Beauté sans voix !
Hellade !

Tels étaient, hélas, d'après la rumeur, les premiers vers du poème. Il semble que par la suite, l'inspiration du poète accusait une dégradation brutale. Car, immédiatement après le cri « Hellade ! » que l'auteur poussait à tue-tête sans oublier de frapper le sol de son talon, venaient quelque cent cinquante vers au cours desquels Diotime en personne, sortie tout droit du *Banquet* de Platon, prouvait par arguments que l'amour et la liberté ont mentalement des accointances.

C'est ainsi que Démosthène Sophocléous présentait l'apparition de la Vénus à Euthyme Batis, membre choisi du Conseil des Anciens de l'île. Assis sur le coffre qui contenait l'argent destiné à la bourse d'études, Batis se débattait pour percer à jour les galimatias du poète, reconnaissant du même coup que ses projets ne pouvaient être concrétisés. Impossible de proposer comme candidat cet individu qui, aussi inspiré qu'un histrion, passait tant de temps à suer, rougir, hurler et battre du pied, en décochant ses vers comme des flèches, à propos de mains inexistantes, de fantômes de la liberté et de statues au cœur de marbre ! Force était d'admettre que son inspiration était mal venue. Comment persuader les autres qu'il avait durant tant d'années secrètement financé les études de cet androïde biscornu qui, à court de souffle poétique, lui déclarait les yeux écarquillés : « Nous avons trouvé ce que nous cherchions » ?

Ce qu'ils avaient cherché et trouvé, c'était la Vénus.

Un mois auparavant, quand il avait jeté l'ancre dans le golfe de Milo, malmené par les intempéries, le bric anglais *The Irish Mist* avait débarqué sur la jetée, outre un rouleau de draps, deux boîtes de thé et une caisse de café, le sieur Démosthène

Sophocléous qui fut, dès le premier moment, la cible de
divers commentaires. Il avait peine, en vérité, à passer inaperçu, fringué comme il l'était, prétentieux condensé d'élégance européenne. Il portait trois gilets, l'un par-dessus
l'autre, sa chemise était à col montant, sa cravate noire était
large et bouffante, sa courte veste olive, munie de deux
rangées entières de boutons d'argent, se terminait par une
queue de pie, son pantalon était également de couleur olive et
ses bottes présentaient, au niveau du talon, une garniture de
métal. Si, à tout cela, on ajoute que, dès qu'il fut debout sur la
jetée, il consulta l'heure sur sa montre suspendue à une chaîne
en or, qu'il fit savoir son nom, Démosthène Sophocléous, à la
cantonade et qu'il se déclara médecin, ou plus exactement
« ancien élève de la Faculté de médecine de l'Université de
Padoue », il est facile d'imaginer les réactions et les différentes
conjectures qui furent émises concernant ses origines, sa
destination, les motivations de son voyage et sa personne en
général. Son comportement fit beaucoup pour cette agitation : sitôt que la curiosité publique atteignit des sommets
et qu'on lui demanda d'où il venait et où il projetait de se
rendre, notre homme répondit par toutes sortes de faux-
fuyants. Il se disait néanmoins que Démosthène Sophocléous
était un garçon plutôt sympathique – il n'avait pas plus de
vingt-cinq ans à l'époque – et que, nonobstant ses yeux plus
ou moins globuleux, on pouvait dire qu'il avait un beau visage

aux traits réguliers, bien que son expression fût triste en
permanence, ce qui ajoutait encore à l'aura de mystère dont il
était nimbé.

En tout état de cause, dans le mois qui suivit son arrivée
dans l'île jusqu'au jour où il déclama *La déesse féconde* devant
Euthyme Batis, il avait réussi à gagner de nombreux sympa-
thisants dans le peuple. Il ne refusa à personne ses services
médicaux qui, plus d'une fois, se révélèrent efficaces. Preuve
que l'homme était bien un médecin et non un charlatan
comme certains s'efforçaient de le faire paraître.

Ce fut lui qui se rendit, dès le premier jour, chez Euthyme
Batis. Après s'être présenté comme un ami, envoyé par un
frère du notable, « de l'époque d'Odessa », cette époque
où Batis voyageait comme capitaine, Sophocléous déclara
à ce dernier qu'il avait débarqué à Milo pour lui remettre
en mémoire la dette qu'il s'était proposé de régler « quand
le moment viendrait ». Et justement, il avait l'avantage de
lui faire savoir que « le moment était venu » et qu'il attendait de lui qu'il s'acquittât en offrant à la lutte pour l'Indépendance les piastres qu'il dissimulait depuis si longtemps
dans son coffre. Selon cette version des faits, le notable
conservait l'argent de la bourse d'études pour la faire servir
à la noble cause de la Révolution nationale. Mais la chose
ne fut jamais démontrée, dans la mesure où, par la suite,
l'affaire de la Vénus brouilla à ce point les cartes que

nul ne put savoir si le capital avait réellement été versé à Démosthène Sophocléous, membre de la Société des Amis, le mouvement révolutionnaire grec. De la même façon, nul ne put jamais s'assurer que le poète improvisé était réellement membre de ladite Société et non un quelconque aventurier qui, ayant eu vent du coffre et de son contenu, métamorphosés par l'éloignement en une sorte de trésor, était venu à Milo pour abuser le notable et le voler. Et l'on ne put savoir avec plus de certitude si l'argent se trouvait encore dans le coffre ou s'il avait déjà été transporté en un lieu moins aléatoire pour la fortune personnelle du primat.

La seule chose évidente, ce fut que l'affaire de la Société des Amis et celle de la découverte de la Vénus s'entremêlèrent. Il ne pouvait en être autrement d'ailleurs. Nous étions en 1820. L'année où, comme nous le savons, les Anglais, geôliers de Napoléon à Sainte-Hélène, ne lui permettaient pas de se ravitailler en tissu, en sorte que l'empereur déchu était forcé de retourner sa veste usée. Mais également l'année où, dans tout l'espace hellénique, circulaient les ardents prédicateurs de la Révolution grecque, scandant les slogans « Préparez-vous ! » et « Hâtez-vous ! » au nom d'un principe dont la signification gagnait d'autant plus de profondeur et de rayonnement qu'il demeurait dans l'ombre. Il ne faut pas une imagination particulière pour supposer que plus Batis faisait d'efforts pour s'assurer de la crédibilité de Sophocléous, plus ce dernier lui en mettait plein la vue en alignant les projets mirifiques, les noms assourdissants et les conjurations internationales. Que de fois ne fit-il pas appel au soutien du tsar Alexandre en personne, lequel, en tant que petit père de tous les Russes et par conséquent de l'Orthodoxie tout entière, attendait que le premier coup de fusil résonnât dans l'Égée pour chasser à coups de pied le sultan, les janissaires et tous les Ottomans ! Si nombreuses que fussent les signatures qu'il avait apposées au Congrès de Vienne, le tsar n'avait pas l'intention de vendre la foi orthodoxe à ce démon de Metternich ! Était-ce un hasard s'il avait confié les Affaires étrangères de son Empire à un Grec, Jean Capodistria ? Combien de princes grecs étaient-ils prêts à semer les graines de la liberté en Moldo-Valachie ? Toute la péninsule balkanique se tenait l'arme au pied et nul n'avait le droit de priver de sa panoplie un pied en attente : par conséquent, Euthyme Batis était obligé de contribuer par ses deniers au commerce des armes. La prise de Constantinople, l'exécution publique du sultan et l'incendie de toute la flotte ottomane dans l'arsenal de Tophane, ce n'était plus qu'une question de mois. On a émis pas mal d'hypothèses au sujet de la Société des Amis, mais, même si ses projets dénotaient un divorce par rapport à la réalité, nul ne peut ignorer que le groupe des trois marchands d'Odessa – Skouphas, Xanthos et Anagnostopoulos – qui en furent les fondateurs, eut le génie de comprendre que l'histoire n'est pas seulement la somme des éléments qui composent la réalité et de préparer, au moins psychologiquement, les communautés grecques au soulèvement de 1821. Fermons la parenthèse. À Milo, en avril 1820, durant les jours qui virent l'apparition de la Vénus dans le champ de Yorgos, au cœur d'un tas de pierres, Démosthène Sophocléous était à court d'arguments. Euthyme Batis de son côté, afin de ne pas être à court de patience, avait songé à le présenter comme le fameux boursier, un type qu'il avait rencontré un jour sur une plage de l'île, un naufragé qu'il avait décidé de lui-même, par philanthropie, d'envoyer à l'étranger étudier la médecine. C'était un peu tiré par les cheveux, mais le notable n'avait rien pu imaginer de mieux. Au demeurant, l'intéressé avait déjà gagné la sympathie générale. Qui plus est, Batis se ralliait lui-même à l'idée que c'était le meilleur moyen d'affecter l'argent à la cause révolutionnaire sans que le tout Milo eût le moindre soupçon concernant la Société des Amis. Peu importe si tous les gens dans leurs conversations désignaient Sophocléous comme un Initié, et d'un grade élevé s'il vous plaît, étant donné que, nippé comme il l'était, ce ne devait pas être de la crotte de bique ! Les circonstances imposaient une discrétion absolue.

Leur projet aurait dû avoir une heureuse issue si Démosthène Sophocléous n'avait pas eu cette crise de lyrisme qui le poussa à tomber héroïquement en combattant au champ d'honneur poétique et si, pour être plus précis, ses mirettes gentiment globuleuses et son triste visage n'avaient pas été ensorcelés par la vision de la Vénus à moitié nue.

C'est à cet endroit de l'histoire que fait son entrée Andréas Kalokairinos que nous avions laissé au moment où il courait pour échapper aux gifles de son maître et que nous retrouvons, dissimulé parmi les oliviers, tandis qu'il suit d'un œil extasié le comportement singulier du jeune Initié. Ce dernier, cette incarnation de la mode européenne, avec son habit bariolé qui était *una bella complicazione*, semblait avoir, dès le premier moment, magnétisé le regard du gamin de quinze ans. Quand l'adolescent eut recueilli les bruits et les chuchotements sur les raisons de sa présence dans l'île, sur la Société des Amis, les armes et le pied des princes qui allaient embraser la Moldo-Valachie, l'Égée et le reste de la péninsule balkanique, il céda sans manifester aucune résistance à un pur enthousiasme juvénile. Autrement dit, il devint l'ombre de l'Initié, consignant, toujours à distance, ses moindres mouvements, comme s'il s'efforçait de déchiffrer les hiéroglyphes d'un mystère héroïque d'autant plus tape-à-l'œil qu'il avait gagné en héroïsme et en éclat – un éclat pareil à celui dont rayonnaient les boutons d'argent et la montre en or de Démosthène Sophocléous.

Entre nous, son héros bigarré l'avait passablement mis en joie et souvent il fut incapable de dire s'il devait rire ou bien pleurer, en particulier lorsqu'il le suivit jusqu'au théâtre antique et le vit debout au milieu de l'orchestre, conversant avec le soleil qui déclinait à cette heure-là. Pour être précis, ce n'était pas une simple conversation : *il criait* et une ou deux fois, il lui parut même très fâché avec le soleil couchant car il gesticulait dans la direction de l'Occident. Tout de suite après, il montra des signes d'apaisement. Ensuite, comme épuisé, prenant manifestement conscience que quoi qu'il lui dît, l'astre solaire se coucherait de toute façon, il se mit à genoux et murmura on ne sait quoi en le suppliant de lui pardonner. Jamais le jeune Andréas ne parvint à comprendre ce qu'il lui disait. Il ne pouvait même pas comprendre s'il lui parlait ou lui chantait une chanson. Si la seconde interprétation est la bonne, c'était un rythme dépourvu de la moindre ligne mélodique. La curiosité d'Andréas devenait de plus en plus irritante à mesure qu'il reconnaissait souvent un mot parmi les cris et les gestes de son idole, mais perdait pied aussitôt dans les syllabes suivantes. Il est vraisemblable que le poète et médecin révolutionnaire récitait selon les lois de la prosodie une poésie grecque aussi antique, sinon plus antique que le théâtre : Homère peut-être, Sophocle ou quelqu'un de comparable.

Il y a gros à parier que ce fut Andréas Kalokairinos qui décida de montrer la Vénus étendue dans le champ de Yorgos Kendrôtas, de révéler autrement dit son secret à son icône, afin d'attirer sur lui un peu de sa précieuse attention. Apparemment, l'adolescent avait été encouragé par le fait que, deux ou trois jours auparavant, Démosthène Sophocléous s'était rendu compte de sa présence, mais quand, lui faisant signe de loin, il s'était efforcé de l'approcher, Kalokairinos avait pris ses jambes à son cou. On ne peut pas clairement savoir si Kalokairinos, quand il révéla à Sophocléous la statue que son propriétaire originel avait recouverte de pierres, lui fit voir également la main gauche de la déesse avec la pomme. Il faudrait supposer valable la version selon laquelle il l'avait en sa possession et la retira du creux de l'olivier où il la dissimulait. Peut-être se borna-t-il à lui donner l'assurance que les mains de la déesse devaient se trouver là dans le coin, comme il avait entendu son patron le déclarer à Voutier, lorsque l'Initié s'enquit à son tour de leur sort. Peut-être ajouta-t-il, comme s'il l'avait vue de ses propres yeux, qu'elle tenait une pomme dans sa main gauche.

Cependant, l'instant d'après, les choses se compliquèrent bien davantage. Car, à peine avait-il été informé de ces histoires de main et de pomme, Démosthène Sophocléous bondit comme s'il avait été mordu par un serpent. « Mais c'est Vénus ! », hurla-t-il les yeux écarquillés. Et sa respiration devint si précipitée que bientôt de grosses gouttes de sueur perlèrent sur son front et que lui-même, se mettant à genoux, entama un monologue : « Je te salue, ô Libératrice, ô signe des temps mille fois rêvé! Le feu du triomphe ancestral a ému mon humble personne! C'est maintenant que la voie s'ouvre!» Même si de tels sommets d'expressivité répondaient à la théâtralité baroque de son caractère, j'ai peine à croire qu'il se livra à tous ces excès pour impressionner une fois encore son jeune admirateur. En toute vraisemblance, il traduisit dans son propre langage la magie de la statue, s'imaginant pour l'essentiel – il n'était pas très difficile – que la Vénus était le message que lui adressaient les siècles. Et ce fut en essayant de soulever le poids de ces siècles au-dedans de lui qu'il se mit à suer, souffler et que brisé, il finit par s'évanouir. Plus précisément, agenouillé comme il l'était, il s'étendit sur la statue, prit dans ses bras le corps de la déesse et, la tête contre son sein, perdit connaissance. Il demeura ainsi, affalé, nul ne sait combien de temps, la nuit entière peut-être. Quant au pauvre Andréas, dès qu'il le vit dans cette position navrante, il prit derechef la poudre d'escampette, croyant que Sophocléous avait été occis et persuadé que la femme de marbre, qu'on la nommât ou non Vénus, avait libéré de ses flancs des puissances démoniaques qui les plongeaient tous dans l'affolement, en sorte que si l'un l'avait giflé de but en blanc, l'autre sans plus de raison était tombé en pâmoison sur la statue. À supposer qu'il détînt la main de la déesse, il n'est pas exclu que, saisi de terreur, il s'en serait débarrassé n'importe où sur sa route, dans un ravin ou un endroit d'accès difficile, après avoir pris la décision qu'il n'aurait plus jamais devant les yeux la femme nue.

C'est la raison pour laquelle, le lendemain matin, quand Euthyme Batis exigea de lui qu'il lui fît savoir à qui d'autre il avait montré la Vénus, Andréas Kalokairinos lui répondit en pleurnichant qu'il n'avait pas la moindre idée de ce dont il parlait. Mais il ne put résister longtemps à l'insistance du notable, à ses menaces, à ses avertissements ni à ses promesses. Tant et si bien qu'il lui révéla que si lui ne l'avait montrée à personne, en revanche son patron, Kendrôtas, avait amené quelqu'un dans son champ, ce Français, là, qui l'avait dessinée. Quel Français ? Il était incapable de le dire : le grand maigre avec les cicatrices sur le visage.

Le même jour, à midi, dans la même pièce, les notabilités du district – cinq ou six tout au plus – écoutaient en silence, les sourcils froncés, Euthyme Batis leur faire part de la découverte d'une statue importante, d'une valeur exceptionnelle, qui, se trouvant pour l'heure dans le champ de Yorgos Kendrôtas, avait excité le vif intérêt d'un officier français de la Marine. Tout avait été précédé par un mini-incident impliquant Démosthène Sophocléous, celui-ci voulant leur réciter son poème avant qu'ils délibèrent, mais aucun d'eux n'ayant envie d'entendre de la poésie, on le pria sèchement de déguerpir, « car il leur en avait suffisamment fait voir par son comportement ». Au bout du compte, ils décidèrent qu'ils devaient organiser eux-mêmes la vente publique avant que l'agha eût vent de l'affaire et qu'il arrivât ce qui était arrivé pour le théâtre et la bourse d'études. En entendant le mot bourse, ils étaient de nouveau prêts à se chamailler : l'un déclara que la mesure était comble et que l'on devait profiter de l'occasion pour choisir des candidats que l'on enverrait étudier plutôt que de se servir de l'argent comme d'un coussin, mais l'urgence de la nouvelle affaire de la statue les fit revenir à la raison. En sorte qu'ils s'accordèrent pour faire venir Yorgos sur-le-champ afin de décider de la marche à suivre. Ils lui donneraient quelque chose pour sa peine.

Il n'est pas besoin, je crois, de préciser ici que Yorgos ne trouva nullement à son goût l'idée de la municipalité de l'île. Quand ils eurent terminé, l'homme observa un moment le silence, debout au milieu de la pièce, comme un accusé privé des mots pour se défendre. Dans ses mains, il tournait et retournait son bonnet, sans oser lever les yeux du parquet. C'était un homme grand et plutôt sec dont les cheveux frisés avaient blanchi, bien qu'il n'eût pas franchi le cap des trente-cinq ans. Ses yeux bleus étaient enfoncés profondément dans leurs orbites et complètement recouverts par l'ombre de cette fin de journée, car on n'avait pas encore allumé les lampes à l'huile ; son nez, avec son arête effilée, plus ou moins irrégulière, avait l'air d'être une chaîne de montagnes. Il s'efforça de minimiser la valeur de sa trouvaille. Il leur dit que la statue était cassée en deux, dépourvue de bras et que, pour le reste, elle était pleine de coups. Il ajouta que, devant lui, le Français n'avait nullement fait allusion à une vente, qu'il n'avait d'autre intention que de faire un croquis de la statue et qu'en la dessinant, il délirait et chantonnait. Manifestement il ne put les convaincre. Bien plus, le prêtre, le père Théodose que tous décrivaient comme un brave petit homme enclin à la goinfrerie, lui déclara : « Yorgos, mon enfant, nous devons nous débarrasser le plus vite possible de cette idole. Ce n'est pas bon pour toi d'avoir une femme nue dans ton champ. Ce n'est pas bon pour ton champ, ce n'est bon pour aucun d'entre nous. » Finalement, ils lui promirent un tiers de la somme qu'ils percevraient chez le Français.

Inutile d'ajouter qu'un peu plus tard, le « premier propriétaire » de la Vénus appliqua une gifle supplémentaire sur la joue glabre de son aide. Et cette fois, il accompagna son geste d'une explication : « Ça, c'est pour t'apprendre à parler ! »

Cette nuit-là, avec l'aide d'un cousin nommé Constantin qui apparaît dans cet épisode pour disparaître aussitôt, et d'Andréas Kalokairinos qui tremblait de peur, on chargea le tronc de la Vénus sur une carriole pour l'acheminer en lieu sûr. Le transport de la partie supérieure de la statue fut l'un des points les plus obscurs de cette histoire. Il est difficile, par principe, de les imaginer soulevant une demi-tonne de marbre, comme il est difficile de calculer le nombre d'ânes et de mulets qui furent nécessaires pour tirer la carriole et son chargement. Si, en outre, nous nous fions aux affirmations de Dumont d'Urville concernant les bras de la statue – pour autant qu'il s'agisse d'un témoignage et non de suppositions qui, bien que revêtues d'un voile de vraisemblance, n'en demeurent pas moins des suppositions faites à partir du contexte –, ce fut bien à ce moment-là, durant le transport, que la Vénus de Milo perdit ses bras qui jusqu'alors tenaient on ne peut mieux à ses épaules, une position qu'ils occupaient au sortir de l'atelier du sculpteur.

Faut-il conjecturer qu'à un moment ou l'autre du parcours la charge s'effondra, faute d'avoir été fixée, que le tronc en fut mutilé et qu'en se dépêchant de le remettre en place, sans qu'ils s'en doutent, en pleine obscurité, ils égarèrent les bras ? Ou bien qu'à l'heure où Séléné ne s'était point montrée encore et qu'alentour le monde entier semblait jouer à cache-cache, une chouette hulula ou que passa au-dessus d'eux une nuée de chauves-souris au point que, paniqués, ils s'enfuirent, croyant qu'ils avaient affaire à une puissance surnaturelle ? C'est tout aussi possible. Ils purent constater d'autre part que sans les bras la charge était sensiblement moins lourde : ils pouvaient bien les laisser là, sur place, se proposant de revenir les reprendre. Mais quand ils retournèrent, les bras n'y étaient plus !

En vérité, quand on est appelé à reconstituer un épisode qui se déroula voici deux cents ans par une nuit sans lune, quelque part sur une pente abrupte, dans une île égéenne, on ne peut rien exclure. A fortiori quand il s'agit de la main égarée d'une statue que l'on ne devait jamais retrouver et dont les dimensions ne devaient pas dépasser quelques centimètres. Au demeurant, le sieur Dumont d'Urville, quand il s'y réfère, n'utilise pas le mot bras qui signifie le membre supérieur, avec l'aisselle, le coude et le poignet, mais le mot main lorsqu'il désigne la paume. De la Vénus, il écrit littéralement : « Dont la main gauche relevée tenait une pomme ». Il nous laisse supposer que l'imaginatif découvreur considérait que la paume devait être relevée, comme si la statue tendait la pomme au spectateur. Une paume, ce n'est pas lourd, ma foi, et cela peut facilement s'égarer, disparaître en glissant derrière un plant de bruyère, spécialement quand la carriole se met à grincer dangereusement et que les ânes terrorisés commencent à braire, avant le fracas de la demi-tonne de marbre qui s'effondre.

On ne doit pas exclure non plus que la main, après l'avoir laissée sur place, fut ramassée immédiatement par Démosthène Sophocléous qui, manifestement, les suivait à distance, invisible et prêt à tout. Ce que l'expression prêt à tout voulait dire, on le vit bien les jours suivants, quand la nouvelle de l'apparition de la déesse dans le monde des hommes circula de bouche en bouche. Ce fut comme si quelqu'un avait vu la flotte russe se déployer en mer Égée pour libérer les Grecs du joug ottoman, quand le poète révolutionnaire, ayant totalement perdu la raison (à supposer qu'il en fût jamais pourvu!), appela ses compatriotes à « plonger leur âme dans le parfum de la déesse », afin de la préparer au fleuve de sang qui dévalait à toute allure de tous les coins de la péninsule balkanique.

Yorgos et ceux qui l'accompagnaient ne transportèrent pas le tronc de la statue dans l'étable où n'importe qui aurait eu l'idée de la chercher. Ils le dissimulèrent dans les catacombes toutes proches, celles qui, selon les affirmations du guide touristique de Milo, sont les plus grandes de l'espace helladique et, en vertu de certaines interprétations, constituaient un lieu de culte pour la première communauté chrétienne de l'île, fondée, toujours selon le guide, par l'apôtre Paul en personne. Le littoral rocheux où fit naufrage le bateau de l'apôtre des Peuples au cours de son voyage vers Rome, c'est celui de Milo, nous assurent les tenants de cette théorie. Une affirmation qui m'autorise à penser que ce qui fonctionne ici, c'est la même machine à idéaliser qui a élevé la statue de la femme à demi nue au rang de symbole de la déesse de l'Amour. Le guide suggère l'idée que des catacombes d'une telle importance, un lieu de culte si essentiel, ne sauraient avoir été fondés par un martyr chrétien anonyme. En conséquence,

dans leurs galeries souterraines, ne peuvent circuler que
l'esprit, la divine inspiration et le prestige de l'auteur des
Épîtres, le Juif qui vit la lumière sur le chemin de Damas.

Voici quelques considérations sur la signification symbo-
lique du transfert du tronc de la Vénus dans les catacombes.
La seule idée qu'un tel séjour, fût-il temporaire, polluait le
lieu saint, en raison des effluves que dégageait la nudité de
la déesse, choqua en ce temps-là, et continue à le faire aujour-
d'hui, les sentiments d'une foule de gens. On va même
jusqu'à dire que le père Théodose, connu temporellement
sous le nom de Ioannis Zoumbos, dans les minutes qui
suivirent la translation du marbre, célébra *in situ* le rite de
l'extrême-onction afin de se débarrasser, dans l'encens de la
pureté, de la souillure du patchouli et de la puanteur de l'idole.
Selon la même version, Yorgos fut contraint en fin de compte
de révéler le lieu où il avait caché le tronc du péché, car il fut
visité durant son sommeil par la Vierge ou par sa mère – peu
importe, puisque, dans l'esprit du chrétien, les deux personnes sont équivalentes – qui le supplia les larmes aux yeux de la
vêtir. Yorgos, bourrelé de remords, charriant dans sa conscience le poids de la faute, non seulement se confessa auprès
du père Théodose, mais il n'eut plus la force de négocier avec
les notabilités sa quote-part dans la vente de la statue. Pour ne
point révéler le scandale de l'affront à l'espace sacré, les
notables déclarèrent au sieur Brest que, tous ces jours-là,

c'était le premier propriétaire du tronc qui l'avait dissimulé dans son étable. Dans un esprit totalement différent, sous l'effet d'un enthousiasme irréfléchi, Démosthène Sophocléous fit à l'époque circuler un autre poème dont, malheureusement ou heureusement, il ne subsiste même pas un vers. Il s'agissait d'un hymne à l'union, ou copulation, de l'esprit antique avec l'esprit chrétien qui, toujours selon le poète, constituait l'épine dorsale du nouvel hellénisme, le dispositif destiné à provoquer l'explosion qui, en peu de temps, ramènerait la Grèce moderne à l'avant-plan de l'histoire.

Une chose est sûre : quand, le jour suivant, le sieur Dumont d'Urville, accompagné du consul Brest, gagna le champ de Yorgos pour y procéder à une autopsie, il ne put voir que la partie inférieure de la Vénus, enveloppée dans les plis de son voile. La nuit précédente, Dumont d'Urville, après le dîner dans la demeure consulaire, après la présentation de son plan par Olivier Voutier et la pâmoison de Catherine Brest, avait perdu le sommeil à mesure que tout ce qu'il avait vu et entendu enveloppait son cerveau comme une nébuleuse menaçante. Finalement, aux premiers feux de l'aurore, quand le plomb du ciel devint peu à peu cette surface bleu foncé du petit matin et que le braiement sinistre d'un baudet troubla par son salut l'harmonie des sphères, il dut se faire une raison : si le dessin qu'il avait vu présentait, tout bâclé qu'il fût, la moindre ressemblance avec l'objet croqué par le dessinateur, ce devait être un objet d'une très haute valeur esthétique dont la découverte ferait pâlir ses mauves et ses cartographies des bords de la mer Noire ! Ce raisonnement le mena droit à la conclusion qu'il se devait à lui-même, à la France et à l'Europe entière d'assister à l'élévation de la statue du rang de non-être séculaire à celui de réalité contemporaine.

Si grand qu'il fût, le désenchantement qu'il ressentit devant le spectacle d'une moitié de chef-d'œuvre fut compensé par le soulagement que lui procura l'idée qu'une fois de plus, ses estimations s'étaient avérées exactes : le jeune aspirant avait exagéré – il le désignait ainsi, comme s'il n'avait pas retenu son nom –, manifestement, il devait avoir ses raisons pour exagérer. Et on ne pouvait exclure que ce fût un constat semblable qui avait inspiré au sieur Brest l'idée que l'enthousiasme excessif d'Olivier Voutier et son imagination galopante n'avaient aucun rapport avec un chef-d'œuvre mutilé voire réduit de moitié, mais avec quelque chose d'autre qui, sans doute, le concernait personnellement. Ce fut peut-être à ce moment-là que Louis Brest se mit à faire des efforts pour décrypter le comportement de son épouse, à lier son exaltation à la présence du jeune aspirant qui cherchait une occasion pour frapper à la porte de la demeure consulaire.

Une déception équivalente saisit le groupe des notables, Euthyme Batis, le père Théodose et deux autres avec eux.

Ayant suivi de loin les Français sans se faire remarquer, ils mirent le cap sur le champ de Yorgos après leur départ. Le prêtre se signa et, après avoir expulsé tout ce que l'ascension avait laissé de souffle dans ses poumons, il se dit soulagé « que les choses ne fussent pas aussi tragiques qu'on les lui avait dépeintes ». Il en tira la conclusion que deux jambes ne suffisaient pas à mettre en péril la dévotion de ses ouailles, ni à faire croire à un retour brutal de la croyance païenne dans les terres chrétiennes de Milo. Quant à Batis, il décida que Démosthène Sophocléous était à jamais et sans appel un dément. Un peu plus tard, sur l'heure de midi, il fit savoir à Yorgos que s'il croyait que deux jambes pouvaient représenter une fortune, il se trompait sur toute la ligne. « Elles ont beau être antiques, deux jambes, ce sont deux jambes, rien de plus ! », conclut-il en élevant la voix sous le coup de l'énervement, tandis que l'autre continuait à retourner son bonnet entre ses doigts et à garder ses yeux bleus fixés sur le sol. Au moins, de cette manière, il ne devina rien de la lueur d'ironie dans le regard du paysan.

Malgré tout, la déception n'empêcha point Batis de s'efforcer de sonder les intentions de son ami le sieur Brest en lui demandant s'il était au courant de la découverte d'une statue, s'il l'avait vue et quelle était son impression. Je veux bien parier qu'il se laissa convaincre par le ton d'indifférence que l'autre prit pour lui affirmer : « Oui, j'en ai entendu parler, mais ce n'est rien d'important, cela ne vaut même pas la peine d'y aller voir.» Brest ajouta encore qu'il se contentait du diagnostic de l'enseigne de vaisseau Dumont d'Urville, grand connaisseur de l'antique et membre de la mission océanographique, chargée de la cartographie des bords de la mer Noire, une œuvre qui, soit dit en passant, n'intéressait pas seulement la France, mais l'Europe entière. Dumont d'Urville avait trouvé le temps d'inspecter la trouvaille. «Si elle a quelque valeur», avait-il conclu, «celle-ci est très faible, moins élevée en tout cas que le coût du transport.» Batis attribua le petit mensonge du consul qui avait dissimulé sa visite au champ de Yorgos au désir qu'il avait de ne pas s'exposer : on ne devait pas s'imaginer en effet qu'un homme de sa qualité, un consul du roi de France, se laisserait embobiner aussi facilement et négligerait tant soit peu ses devoirs.

À cet endroit on ne peut se retenir de formuler des hypothèses et de tirer des conclusions. Impossible pour moi de ne pas penser que si l'intérêt pour la statue avait fondu en même temps que la moitié supérieure du chef-d'œuvre, il y aurait gros à parier que la Vénus de Milo ne se trouverait pas aujourd'hui au Louvre ! C'est une chose de perdre une main, si importante qu'elle soit, et c'en est une autre de perdre la totalité du tronc dénudé, tête comprise.

Il est très vraisemblable que si, finalement, les Français n'avaient pas enlevé la statue, quelques années ou quelques décennies plus tard, un autre archéologue, un Grec probablement, aurait trouvé le tronc en fouillant dans le périmètre : le chef-d'œuvre serait à nouveau sur son socle, au Musée national d'Athènes ou dans le petit musée de l'île dont le visiteur actuel est forcé de se contenter d'un ersatz de plâtre. Inutile d'ajouter, je crois, que si l'histoire avait pris cette direction, le chef-d'œuvre n'aurait pu échapper à son destin, celui de beauté provinciale, qui avait été le sien durant sa première vie. Que nous le voulions ou non, il n'aurait pas rempli la fonction d'œuvre phare sur un pied d'égalité avec les autres chefs-d'œuvre du Louvre.

Nous avons beau supposer qu'un jour, nécessairement, on aurait reconnu sa valeur incomparable, cette consécration aurait dû avoir lieu bien plus tard, au xxe siècle, après la Deuxième Guerre mondiale, quand les voyages en mer Égée ne demandaient pas une audace particulière et ne satisfaisaient pas le besoin d'aventures exotiques chez ceux qui les entreprenaient − une époque où le nom de Yorgos a fini par signifier auprès des Français le Grec par excellence, tout comme Fritz représentait le premier Allemand venu. En tout cas, la statue n'aurait pas joué son rôle d'organe de propagande, attirant sur sa tête charmante le goût du grand public pour les choses grecques, un rôle qu'elle a joué à satiété durant tout le xixe siècle. La substance même de chef-d'œuvre est liée à l'idée du grand musée de la métropole qui rassemble les expressions les plus hétéroclites de l'art pour les soumettre à l'épreuve d'un seul et unique dénominateur social, la crise de la création. Dans son espace naturel, l'œuvre demeure une valeur en puissance. C'est au musée qu'elle fait fructifier cette valeur. Même si l'on se trouve en face d'un chef-d'œuvre conservé dans un petit musée périphérique, la première chose qui vous vient à l'esprit, fût-ce inconsciemment, c'est la pensée qu'une œuvre de cette nature pourrait figurer dans n'importe quel grand musée du monde. Ce n'est pas un hasard si le couple formé par le musée et le chef-d'œuvre, après avoir tiré du mariage sa prospérité, lui doit également son déclin. Dans notre univers mondialisé, les musées ne produisent plus de chefs-d'œuvre. Ils régurgitent, ils réexposent les objets préexistants au point de donner à croire que l'exposition revêt une plus grande importance que les œuvres elles-mêmes. Avec la conversion du musée en espace d'exposition où prédominent l'originalité et l'inventivité des organisateurs, c'est l'idée même de chef-d'œuvre qui est devenue hors-la-loi. Tous ceux qui, de nos jours, parient sur l'existence d'œuvres-modèles, susceptibles de fonder une science de la création, ressemblent aux nostalgiques de la royauté qui, sous des cieux résolument démocratiques, vivent en dehors du temps et de l'espace.

En réalité, plus cette histoire évolue, avec toute la série de personnages clés qui interviennent au moment décisif et tous ces navires qui voguent vers le golfe de Milo pour embarquer la Vénus avant de poursuivre leur voyage, plus grandit en moi l'impression que tout cela n'est peut-être pas arrivé par hasard. Comme si celui ou ceux qui connaissaient, j'ignore de quelle façon, l'existence de la statue avaient décidé de la trouver et de la faire sortir de Milo pour la mettre sur le socle où elle jouirait d'une gloire universelle. Peut-être le destin, dans tout ce chassé-croisé, a-t-il eu son mot à dire ? N'est-ce point ainsi que naissent tous les chefs-d'œuvre : de gestes qui paraissent aveugles et imprévisibles ? Mais du moment qu'ils ont laissé une trace matérielle, ils ont créé leur propre logique inexorable.

Peut-être rien n'aurait-il pu se passer autrement, peut-être l'arrivée ce jour-là de la goélette *Galaxidi* dans le golfe de Milo ne fut-elle en rien une coïncidence ? En tout cas, ce n'était pas du tout un hasard si, parmi les marins, grecs et albanais, se trouvait un moine qui avait reçu l'ordre du grand drogman de la flotte ottomane, Nicolaki Morusi, tout comme lui d'origine grecque, de ramasser tous les morceaux d'antiquité qu'il pourrait dénicher dans les îles de la mer Égée et de les transporter à Constantinople.

5

LE COMTE DE MARCELLUS dans ses *Souvenirs de l'Orient* désigne Dimitri Oiconomos comme un moine. Mais, pour autant qu'on lui eût jamais conféré la tonsure au Mont Athos, en avril 1820, il était déjà défroqué. Qu'il fût ou non déchu, de tous ceux qui cinglèrent vers Milo pour jouer quelque rôle dans l'enlèvement de la Vénus – à croire qu'elle les avait magnétisés bien avant qu'ils ne fussent à même d'en soupçonner l'existence ! –, il était le seul à savoir ce qu'il cherchait. Deux jours avant son arrivée, il avait été précédé par le bruit autour de la découverte de la statue. À Kimolo, l'île voisine, il avait entendu un pêcheur évoquer une princesse de marbre qui, sortie de terre, avait libéré autour de son corps nu tous les parfums du printemps : le thym, la menthe, le jasmin, un bouquet de senteurs marines. Le patchouli en supplément ! On l'avait, selon la rumeur, coulée dans le marbre au temps jadis, pour la soustraire à ses violeurs – des soudards turcs ou des écumeurs sarrasins, peu importe ! L'important, c'était autre chose : à peine lui avait-on dénudé la poitrine, la chair de la princesse était devenue pierre, le cœur des infidèles était devenu glace. Dans la main, elle avait une pomme et qui en goûterait verserait son sang pour la liberté. «Cherchez Yorgos Kendrôtas. C'est dans son champ qu'elle est couchée», avait fait savoir le pêcheur à Dimitri Oiconomos.

Partant de la Corne d'Or, la goélette *Galaxidi* avait levé l'ancre vers la mi-mars, un mois environ avant les événements décrits dans cette histoire. C'était aux premiers signes de beau temps, après les dernières offensives d'un hiver particulièrement dur qui avait longtemps maintenu fermées les voies maritimes en Méditerranée. Prétexte du voyage, le commerce des soieries pour le compte de l'affréteur, Nicolaki Morusi, grand drogman de la flotte ottomane. Quand le navire arriva à Milo, dans sa cale, outre les tissus, il transportait deux chapiteaux ioniques en très bon état, la jambe droite d'un guerrier avec sa cnémide, de style plutôt classique, plus deux ou trois fragments de moindre importance. Quant à Dimitri Oiconomos, c'était, selon le portrait qu'on en avait fait, une figure assez sombre, un homme d'une taille assez médiocre, mais bien bâti, du genre à vous donner l'impression que ses pieds étaient enracinés dans le sol. Il avait la barbe imposante, abondante mais soignée, les mains velues (on eût dit des pattes d'animaux) et ses yeux brillaient d'un éclat saisissant, comme deux morceaux de charbon à peine sortis de terre et tout luisants encore d'humidité.

Je puis supposer que Dimitri Oiconomos passa le premier matin de son arrivée dans l'île à déballer ses affaires ainsi que les soieries et qu'il rencontra Yorgos Kendrôtas l'après-midi du même jour. Il lui dit qu'il savait tout. Puis il le pria de lui montrer cette princesse de marbre, en arborant un sourire qui semblait de menace, bien plus que d'affabilité, à voir la façon dont il découvrait entre ses lèvres ses rangées de dents fortement écartées. L'instant d'après, il fut plus explicite : il était prêt à lui donner une compensation financière, étant bien entendu qu'il était de l'intérêt des deux parties que l'affaire restât entre eux. Il lui demanda quels étaient ceux et combien ils étaient qui connaissaient l'existence de la princesse de marbre. L'autre lui fit une réponse vague : « Très peu ! », sans mentionner ni le dessin de Voutier, ni le fait qu'il s'était vu contraint de transporter le tronc dans les catacombes. La même nuit, ils allaient rendre visite à la statue.

Quand ils furent dans les catacombes, ayant pris toutes les précautions possibles pour ne pas se faire voir, Yorgos Kendrôtas eut comme un frisson dès qu'il aperçut le regard de Dimitri Oiconomos éclairé par la torche qui s'agitait sur les parois de la roche, comme si les fantômes de l'endroit dansaient la sarabande. L'autre, arborant toujours un sourire de menace, avait les yeux fixés sur le visage de la Vénus, à croire qu'il avait l'intention de lui sucer le sang. On aurait dit que ce n'était pas un homme, mais quelque démon. Tout cela, Yorgos Kendrôtas devait le raconter plus tard pour se justifier auprès des notabilités qui l'avaient accusé d'avoir tenté de dérober la sainte relique de la Nation et de détourner l'argent. Mais pour l'heure, afin de briser le silence qui l'oppressait et lui glaçait les sangs, il se tourna vers Oiconomos :

« On dit qu'il s'agit de Vénus. »

L'autre réagit comme si, dans l'ombre, avait surgi quelqu'un qui les épiait sans qu'ils s'en fussent doutés :

« Qui dit ça ? »

« Je n'en sais rien. C'est ce qu'on dit. Quelque part à la ronde on doit trouver sa main. Demain je la chercherai. »

Quelques minutes plus tard, le démon reprit forme humaine, quand, sur le champ de Yorgos, ayant vu la seconde moitié de la statue, il lui communiqua le prix :

« Je t'en donne mille piastres. »

« Tu veux aussi les bras ? »

« Ça me va comme ça ! Je suis pressé. »

Comme s'il avait prévu tout ce qui allait suivre, Oiconomos ne voulait pas perdre un seul jour. Il restait forcément à régler quelques détails pratiques non négligeables. Il fallait sans éveiller les soupçons transférer les deux morceaux jusqu'au port et les charger sur le *Galaxidi*.

Il vaut la peine, à cet endroit, d'interrompre un moment la suite des épisodes qui composent cette histoire pour présenter un troisième personnage qui suivait en pensée les tractations des deux compères. C'était à lui qu'appartenaient les mille piastres que Dimitri Oiconomos offrait si généreusement à Yorgos Kendrôtas et c'était dans ses mains qu'aurait dû aboutir la Vénus, si les événements n'avaient amoindri si brutalement le désir qu'il avait de l'acquérir, lui qui, jusqu'alors, n'avait rien su de son existence. Il s'agit de Nicolaki Morusi.

Dignitaire de haut rang dans la hiérarchie ottomane, grand drogman de la flotte, rejeton de l'illustre famille princière de Moldo-Valachie, Nicolaki Morusi, outre ses origines grecques et sa foi orthodoxe, dissimulait dans les replis de son âme le germe de cette sensibilité particulière que développe dans l'imaginaire humain la vision des produits de la création artistique. Que l'on me pardonne l'usage d'une périphrase aussi démonstrative pour décrire quelque chose d'aussi simple à première vue que l'amour de l'art chez Nicolaki Morusi, mais c'est de cette manière seulement que je puis donner une idée de la pureté des sentiments que notre homme nourrissait pour les surfaces peintes et les pierres précieuses. Malgré son innocence, c'était cette passion-là, dans la mesure où rien ne semblait suffire à contenter ses exigences, qui, au fil des années, avait à ce point compliqué le train de vie du prince qu'elle l'obligeait, s'il voulait la servir, à dissimuler une grande partie de ses activités, à s'isoler de plus en plus et à se mettre le plus souvent possible en délicatesse avec sa charge et son milieu. À vivre en d'autres termes une double vie.

L'affaire remontait fort loin, à ses jeunes années, quand l'un de ses précepteurs avait constaté chez lui un goût prononcé pour la calligraphie qui s'était mué rapidement en penchant pour la peinture. Mais sa vocation avait, semble-t-il, fondu sur lui à un âge encore tendre, à l'époque où il n'avait pas encore la maturité pour la gérer. La rencontre qui avait inévitablement conduit au choc frontal et à la déroute de ses illusions avait eu lieu à Venise, quand Morusi, un jeune homme en ce temps-là, s'était planté devant un tableau du Titien, une Vénus dans son plus simple appareil, à la chair abondante, étendue sur un velours mauve devant une fenêtre ouverte, avec un petit Amour dodu qui lui pressait l'épaule gauche, alors qu'elle avait le visage tourné vers lui, prête à jouer en sa compagnie. La scène était complétée par un chiot qui se tenait aux pieds de la déesse, une perdrix sur l'appui de la fenêtre ouverte et le paysage marin avec le ciel troublé par les nuages et les chaudes couleurs du crépuscule. Après son retour à Constantinople et une succession de tentatives malheureuses pour rendre les plis du velours mauve qui l'avaient mené au bord de la dépression, Morusi avait conclu qu'il n'avait pas les moyens de rivaliser avec Le Titien : il s'arrêta de peindre pour devenir un collectionneur maniaque des œuvres d'art. À tout le moins se consolait-il à l'idée que ses ambitions, en lui indiquant d'emblée les voies de la perfection («la tête de Méduse», selon sa formule), ne l'avaient pas condamné à peindre des médiocrités toute une vie durant, comme ces gens qui se contentent de faire ce qu'ils peuvent et non ce qu'ils veulent ou ce qu'ils doivent.

Le rapport que Nicolaki Morusi avait noué avec l'art n'était pas purement platonique. Si sa vision du monde avait quelque fondement spirituel, elle le devait au fait qu'il n'avait pas vécu comme un simple visiteur, mais comme un créateur ce «raffermissement de l'âme» dont les habitués des musées étaient censés bénéficier.

À l'époque dont nous parlons, vers 1820, le grand drogman de la flotte ottomane n'avait pas seulement vu le British Museum, le Louvre, le Vatican et certaines des collections d'antiquités les plus estimables, points de ralliement du bon goût au sein du vieux continent. Il était également parvenu à concentrer dans les caves de sa demeure de Thérapia, à Constantinople, un nombre d'œuvres respectables qui, exposées, auraient pu constituer le foyer d'un musée, de petite dimension, certes, mais d'un intérêt exceptionnel.

Bien qu'il fût jeune, n'ayant pas encore dépassé la trentaine, et malgré son caractère équanime, il se comportait comme un

fieffé collectionneur. Pour se procurer l'œuvre qui lui était tombée dans l'œil, rien ne l'arrêtait. L'achat des consciences, le
vol, les actes de piraterie, voire les enlèvements étaient de mise.

Nicolaki Morusi était une victime parmi d'autres de cette
manie qui saisit tous ceux qui capitalisent des biens en
sachant a priori que jamais l'occasion ne leur sera donnée de
les monnayer. C'était une manie destinée à compenser sa
créativité refoulée.

Dans la capitale de l'empire ottoman, sous l'emprise d'un
pouvoir religieux qui interdisait explicitement la représentation de la figure humaine, les œuvres d'art que Morusi avait
réussi à rassembler étaient condamnées à demeurer en exil,
non point dans le ciel extérieur de Platon, mais dans les caves
de son habitation. Produits d'une angoisse de créateur inac-
compli, objets de soins quotidiens, elles ne révélaient leur
existence qu'à de rares collectionneurs pour le plaisir desquels
Morusi brisait la loi inexorable du silence qui les protégeait,
comme ces précieux, ces ineffables secrets que tout être
humain conserve au plus profond de lui.

On raconte que le Bosphore rejeta sur ses rives d'Asie,
langue et mains arrachées, l'un des serviteurs du drogman
parce qu'il avait laissé planer quelques sous-entendus au sujet
de la collection.

On raconte aussi que Nicolaki Morusi gardait cons-
tamment affrétée la goélette *Galaxidi* dont l'équipage, des

Albanais pour la plupart, s'était enrichi en acheminant vers la maison de Thérapia le produit de fouilles archéologiques dans le Péloponnèse, les bords de l'Asie Mineure et l'Italie, mais également toutes sortes d'objets et d'œuvres d'art provenant de villes situées sur les côtes méditerranéennes. D'aucuns en étaient même venus à répandre le bruit que c'était là, dans les caves de Thérapia, qu'avaient échoué les précieuses antiquités transportées de Rome à Londres pour le compte de Lord M. par le navire *The Generous Scott*, disparu au large de la Corse.

Il y a gros à parier que l'excès de patriotisme dont Nicolaki Morusi fit preuve l'année suivante, quand la Révolution éclata dans le Péloponnèse, le soir où le prince entra dans le palais du grand vizir pour n'en plus jamais ressortir, est dû à la promesse que lui avait faite l'un des chefs de la Société des Amis. Morusi avait reçu l'assurance que le premier souci de l'autorité révolutionnaire, après la libération de Constantinople du joug ottoman, serait la transformation en musée de la mosquée de Mehmet le Conquérant. C'est là qu'on hébergerait, avant toute autre chose, sa collection.

Les collections d'antiquités, les célèbres antiques, selon l'expression utilisée durant les dernières décennies du XVIIIe siècle et les premières du XIXe dans les cercles de l'Europe aristocratique et bourgeoise, étaient très populaires. Le métier n'exigeait pas de connaissances particulières : les lettres

classiques étaient le bagage indispensable offert par une éducation qui, n'ayant pas encore été démocratisée, privilégiait les droits de l'élitisme et reconnaissait une supériorité
sociale à tous ses bénéficiaires. Il présupposait dès lors une
certaine position sociale, jointe à une relative aisance financière. Il impliquait de même un goût de l'aventure, fût-il
superficiel : suffisamment pour amener les candidats à se
lancer dans le Grand Tour, en direction de quelque champ
désert du sud de l'Italie, où serait discuté, avec les pillards de
l'endroit, le prix d'un tronc de marbre ou d'un vase fêlé à
figures rouges. Rome et le sud de l'Italie étaient les destinations habituelles du Grand Tour. La Grèce était l'exception –
elle fournissait ce supplément d'âme qui distingue le comédien doué du talentueux premier rôle. Pour arriver dans ces
lointaines contrées, jusqu'aux déserts montagneux du Péloponnèse, il fallait traverser les frontières de l'Europe chrétienne, pénétrer dans le territoire ottoman.

Au temps où l'intelligence poétique n'allait pas au-delà des
figures marmoréennes, c'était un paysage du sud méditerranéen, avec un doux soleil allégeant le poids des ombres, qui
régnait sur l'horizon de l'imaginaire comme un ultime appel.
Qu'il s'agît de Hölderlin ou d'une lady dont seuls ses héritiers
directs se rappelaient le nom, tout un pan de l'âme européenne cherchait le contact physique avec le Sud, à croire
qu'on avait vu le jour par un matin d'été, sur quelque rivage

homérique dont on avait à tout jamais la nostalgie. L'intensité du sentiment et son insistance étaient telles qu'on se demande si l'idolâtrie de l'antique n'est pas tout simplement un symptôme de la nostalgie du Sud.

Au vrai, la Vénus de Milo est un enfant de ce « midi de l'âme ».

Le néoclassicisme a tout d'une seconde Renaissance, mais en decrescendo. Quelle nécessité pousse les révolutionnaires de Paris à l'adoption de pseudonymes gréco-romains ? Pourquoi avoir enterré Rousseau dans une copie de sarcophage antique ? Jacques-Louis David qui met en scène la Révolution et l'Empire comme s'il s'agissait d'une œuvre de la Rome antique n'a rien de pittoresque. C'est le peintre officiel du moment historique qui a changé la face du monde.

N'est-il point paradoxal que ce monde qui n'hésite pas à couper des têtes et ne lésine pas sur le sang pour avoir l'avenir de son côté, quand il contemple sa propre image, voie le visage du passé ? C'est ce visage qui lui apporte la caution historique, la continuité temporelle qui justifie son existence. Tout se passe comme si le temps était formé de quantités de passé, de présent et d'avenir mesurées au compte-gouttes : si l'une des trois composantes augmente ou diminue, les deux autres se réajustent. Telle est la singularité du culte des antiquités, du Grand Tour et du néoclassicisme : ils font leur apparition à une époque durant laquelle l'avenir envahit brutalement le présent, saccageant les vies humaines au nom de l'Histoire. L'autorité du présent diminue. Le grand courant d'énergie historique qui entraîne les vies vers un avenir irréel, mais perceptible dans les blessures qu'il inflige au présent, puise sa force dans les abîmes du temps.

« Ils tournaient les yeux vers le passé pour croire en leur avenir... » La phrase pourrait décrire avec une clarté suffisante la mobilité intellectuelle qui se manifestait, de manière spasmodique alors, dans les communautés grecques un an avant l'éclatement de la Révolution. Elle pourrait, selon une logique semblable, viser tout autant la manie de Nicolaki Morusi, en le proclamant figure emblématique de ce va-et-vient de la conscience entre le passé et l'avenir, mouvement gravitationnel autour d'un centre inexistant qui est le présent, mouvement d'entonnoir qui caractérise l'idéologie nationale des Grecs modernes, bien plus que les idées de progrès qui déferlèrent avec les Lumières dans l'Orient hellénique ou que la tradition d'attachement à un passé immuable, cristallisé *ad vitam aeternam* dans les enseignements de l'Église orthodoxe.

Il se pourrait vraiment que le Musée secret que gardait Nicolaki Morusi dans les caves de son palais de Thérapia fût le théâtre de ce mouvement et que le prince au regard bleu et au noble sourire en fût le metteur en scène. Mais, apparemment, les choses ne sont pas aussi simples. La substance de la folie princière échappait aux calculs destinés à mesurer la part respective de passé et d'avenir qui doit entrer dans la composition d'un présent idéal, ainsi qu'aux exercices d'addition et de soustraction politiques dont les cerveaux étaient préoccupés autour de lui.

« Les véritables œuvres d'art, comme les œuvres de la nature, dépassent toujours infiniment les capacités de notre entendement », dit Goethe dans le texte qu'il composa en 1798 sur le groupe du Laocoon. Et si elles les dépassent, c'est que leur présent contient en lui le passé et l'avenir de notre époque actuelle. Cet espace qui s'ouvre au-delà des limites de notre entendement – mais que l'on voit de ses propres yeux, dans le cas des œuvres, comme un nimbe autour de la forme qu'elles revêtent –, c'était le champ magnétique qui inhibait les réflexes de Nicolaki Morusi.

Adorateur de l'art véritable, collectionneur maniaque approchant la trentaine, avec une tendance à l'embonpoint qu'il corrigeait par l'élégance de ses mouvements et la variété de ses mimiques, le prince ne s'intéressait aux tempêtes politiques et aux orages dont son époque était chargée que dans la mesure où ils pourraient influer sur l'avenir de sa collection. En vérité, il faisait figure de vivant paradoxe. Un collectionneur d'antiquités dans le sérail du sultan !

Nul ne sait ce qu'il advint de sa collection, en quel lieu s'évanouit le Musée secret. De même, nul ne sait de quelles œuvres elle était formée. Mais j'imagine qu'elle dut être détruite l'année qui suivit les événements rapportés dans cette histoire, au lendemain de cette fatale soirée où Nicolaki Morusi prit son carrosse pour se rendre au palais du grand vizir dont il ne revint jamais. On va jusqu'à dire que le grand vizir lui coupa la tête de ses propres mains après l'avoir goinfré et que, l'ayant saisi par les cheveux pour lui étirer le cou avant de le trancher, il regarda Morusi dans les yeux et versa des larmes. Le prince avait été accusé de dissimuler dans les caves de sa demeure tout un arsenal, prêt à être chargé sur des navires et transporté à Constantza où ses hommes étaient supposés se préparer à réussir là où le prince Alexandre Ypsilanti et son bataillon sacré avaient échoué. En même temps que les armes, la flotte devait acheminer les bonnes paroles que le patriarche destinait aux insurgés chrétiens. Une bénédiction dont chacun espérait que, cette fois-là du moins, elle ne laisserait pas le tsar insensible.

Mais, au lieu des armes, le grand vizir trouva des statues. Comprenant que son ami avait été victime d'une calomnie et qu'il avait été lui-même, à son corps défendant, l'instrument des calomniateurs, de désespoir, hors de lui, il s'en prit aux marbres qui finirent au fin fond du Bosphore, saccagés, disloqués, brisés en mille morceaux. Une fois de plus, il s'en trouve pour expliquer la furie du grand vizir par le fait que ses rapports avec Nicolaki Morusi n'étaient pas purement amicaux.

Nul n'est plus en mesure aujourd'hui d'estimer à sa juste valeur la collection du prince. Il n'y a pas de témoin pour certifier l'existence de son Musée secret, ce qui conduit certains à le ranger parmi les légendes indissociables des événements historiques qui accompagnent la renaissance de la Nation. Ce témoin, quelqu'un l'a fabriqué de toutes pièces : il s'en est servi comme de tant d'autres hypothèses semblables pour démontrer la parenté raciale des Grecs modernes avec les Grecs anciens.

Si nous prêtons foi à tous ces racontars, ladite collection avait au moins une originalité qui explique la calomnie dont Morusi fut en butte auprès du grand vizir. Et c'est à cet endroit que se situe l'apparition de Dimitri Oiconomos ou plutôt, c'est à cet endroit que font leur apparition une icône de la Vierge allaitant l'Enfant divin, un couvent idiorythme du mont Athos, un higoumène dont le pouvoir intellectuel mondain concurrençait dignement la ferveur de ses prières, et Dimitri Oiconomos, à l'époque où il se nommait frère Markos et appartenait à la force vive du couvent en question. On tiendra compte également de la question de la représentation du divin par les moyens dont disposent les sensations humaines. À première vue, cela peut sembler secondaire, mais, comme la preuve en fut administrée en finale, ce fut la force motrice de toute cette histoire.

L'histoire concerne la disparition de l'icône de la Vierge dans le couvent du mont Athos, sa réapparition dans les caves

du prince Morusi à Thérapia, parmi les autres pièces de sa
collection, mais également les enquêtes menées par l'higoumène dudit couvent, lesquelles aboutirent à la localisation du
ravisseur, le frère Markos, et à son identification avec Dimitri
Oiconomos.

Je viens de qualifier Nicolaki Morusi de vivant paradoxe.
L'heure est venue pour moi de m'expliquer sur ce point.
Je considère que l'originalité de sa collection réside dans la
coexistence des antiquités avec certaines pièces, triées sur
le volet, de peinture byzantine. Je n'ai pas besoin d'ajouter, je
crois, que ce qui apparaît de nos jours comme une évidence, à
savoir que l'art des icônes est un chapitre de l'histoire de l'art,
faisait à l'époque figure de paradoxe et d'excentricité. Les
fidèles de la Grèce de marbre blanc de Winckelmann, émer-
veillés par la souplesse musculaire des statues et avides de
mouvement, ne pouvaient envisager les icônes, soi-disant à
l'abri de tout ce qui perturbe la perception humaine, que
comme les velléités inconvenantes d'une sensibilité mala-
droite. Les fidèles de l'Orthodoxie tenaient pour un scandale
la coexistence des idoles du mensonge avec les icônes, idéo-
grammes de leur ferveur. L'icône était une concession que le
Verbe de la Vérité avait faite aux êtres humains pour leur
permettre de communiquer avec lui. Virtuellement miracu-
leuse, c'était un signe de ralliement pour les croyants. Tout
autre usage équivalait à une profanation. A fortiori quand les

nécessités liées à cet autre usage la condamnaient à un exil perpétuel dans quelque souterrain de Constantinople, en dehors de son espace naturel, l'église ou le monastère. Et la mettaient à la merci de la manie collectionneuse d'un prince farfelu, une espèce qu'on croyait capable du pire, puisque la puissance de ses élans artistiques reléguait au second plan l'intégrité de sa foi. À l'époque, pour les us et coutumes orthodoxes fondés sur l'idée que la Renaissance n'était rien de plus qu'une lubie des papistes, de celles qui maltraitent la vérité des dogmes, la collection de Nicolaki Morusi constituait un scandale.

Le mot scandale, personne n'avait osé s'en servir pour qualifier la présence de cette icône de la Vierge dans le couvent idiorythme du mont Athos, bien que son originalité en eût choqué beaucoup. En l'occurrence, les libertés qu'avait prises le peintre, dont le nom demeure enfoui dans les abîmes du Moyen Âge byzantin, avaient donné l'occasion à différents experts en théologie de diverger radicalement quant au degré d'humanisation de la représentation du divin dans l'iconographie.

L'icône incriminée était une représentation assez conventionnelle de la Vierge, vêtue de noir et qui ne cesse de fondre en larmes, mais considérée plutôt en son jeune âge et serrant contre son sein le nourrisson divin dont l'expression préfigurait le chagrin et la souffrance du Christ martyr. C'était un paysage esthétique sans nuages qui répondait parfaitement à la médiocrité et au manque d'imagination de son créateur. De fait, ni la force expressive de la Vierge, ni celle du nourrisson divin, ne revendiquaient un droit à quelque génie pictural que ce fût. Et tout aurait été parfait, si le peintre n'avait pas eu l'idée de dénuder l'un des deux seins de la mère et de représenter le fils au moment où il est sur le point de se livrer au geste si naturel de la tétée, s'il n'avait pas eu l'idée de peindre une version orthodoxe de la *Madonna Lactans*.

Bien plus, il semble que, chez le peintre, la violence de l'inspiration fut telle qu'elle l'amena à donner un relief particulier à l'opposition chromatique entre la carnation blanche du sein, la mantille noire de la Vierge, le tissu pourpre qui enveloppait le nourrisson et le fond bleu du ciel. Pour diverses raisons qui demeurent impénétrables, l'icône avait été rangée dans la catégorie des acheiropoïètes, ces icônes qui n'ont pas été fabriquées de main d'homme, mais résultent de quelque inspiration divine du moment, très encline à jouer sur les limites de l'imagination humaine. On affirmait qu'elle avait été trouvée toute faite, là-bas, à Chios, dans une petite chapelle du couvent dédié à saint Isidore. Rien n'est à exclure, bien sûr. Sans doute le peintre, épuisé par le combat perpétuel contre les tentations, décida-t-il de s'y soumettre en libérant une bonne part de sa libido sur le sein nu de la Vierge.

À moins que, sous l'inspiration de certaines icônes de la Renaissance qu'il avait vues par hasard, il n'ait voulu à son tour tenter le diable en cédant au démon de l'intelligence poétique, lequel, à de nombreuses reprises, s'est révélé plus efficace encore que la foi religieuse. Dans un cas comme dans l'autre, il avait intérêt à présenter aux moines son œuvre comme acheiropoïète, afin de se purger lui-même de la responsabilité d'en être l'auteur, en attribuant son inspiration à l'une de ces interventions divines qui ont pour but d'éprouver les fidèles dans les championnats d'abstinence. Quel qu'il fût, il semble que le peintre connaissait bien les règles syntaxiques de son art. Ajoutons l'habileté consommée avec laquelle il avait représenté le tissu qui couvrait la nudité du nourrisson divin. Quand Nicolaki Morusi le vit pour la première fois, il ressentit le même vertige que celui qui avait saisi les fines particules de son âme, dès qu'il s'était trouvé en face du velours pourpre sur lequel était étendue la Vénus nue du Titien − le sentiment d'une réalité qui, certes, s'offrait à vos yeux comme si elle vous pressait de la toucher, mais qui, d'un même élan, se jouait de vos regards, se dérobait à vos désirs de la toucher.

On ne sut jamais la manière dont le frère Markos s'évada du mont Athos, ni la raison pour laquelle il délaissa la molle tiédeur du couvent. Mais les choses ne paraissent pas très compliquées. Les communautés idiorythmes de la Sainte

Montagne diffèrent des autres communautés du fait que, mis à part les heures d'assistance obligatoire à la liturgie, elles n'imposent pas à chaque moine de suivre le rythme communautaire au quotidien. Chacun y prie quand il le veut, mange quand il le veut, dort quand il le veut et se consacre à des travaux spirituels ou manuels quand il le veut. Je suppose que la tradition tire sa légitimité de la vie des ermites. En tout cas, c'est le cadre idéal pour cultiver sa différence.

Au demeurant, l'absence du moine Markos fut constatée trois jours après son départ, alors qu'il s'approchait à dos de mule des portes d'Adrianoupolis. Ce fut alors seulement, à une heure déjà tardive, que l'higoumène du couvent, le frère Timothée, un homme à la tête robuste et au cerveau délié, associa son absence à celle de la Vierge à l'enfant. On avait été informé le lendemain même de son enlèvement par les cris déchirants d'un frère qui avaient brisé le silence du lieu, à croire que l'on était en train de couper en deux la voûte céleste ! À genoux à l'endroit où, la veille encore, pendait l'icône et où il ne restait plus qu'un rectangle de même grandeur, un peu plus pâle que le mur enfumé qui s'étendait autour de lui, il implorait la pitié divine. Il croyait que la disparition de l'icône était le signe avant-coureur des châtiments qui se pressaient aux portes de sa conscience. Des châtiments qui faisaient ressembler à une brise printanière les tortures corporelles, selon les menaces proférées par son

confesseur, lorsqu'il avoua un peu plus tard à ce dernier, dans
un déluge de pleurs et de sanglots, qu'il s'était livré, ordinairement et continuellement, à des obscénités devant l'icône.
De tout ce qui fut dit ou entendu au fil des temps sur la vie
et les mœurs du frère Markos, appelé dans le monde Dimitri
Oiconomos, des choses plus ou moins controuvées, les unes
destinées à l'innocenter, les autres à le faire paraître plus
coupable encore qu'il ne l'était en réalité, je garde la version
la plus prosaïque. Selon celle-ci, il chercha refuge dans ce
couvent idiorythme du mont Athos en juin 1815, durant les
jours précisément où Napoléon, après Waterloo, était forcé
d'admettre qu'il n'avait plus rien d'autre à faire que de s'occuper de sa gloire future par tous les moyens dont il disposait.
À cette époque, il semble qu'il avait connu lui aussi son
Waterloo. Il devait gérer un problème de chargement d'or et
de pierres précieuses. C'était Ali Pacha de Jannina qui avait
décidé de cet envoi (destiné à suborner quelqu'un) et en avait
confié l'exécution à un groupe d'armatoles grecs parmi lesquels figurait Dimitri Oiconomos. C'étaient eux qui avaient
monté un guet-apens dans un défilé, près de l'actuelle fron-
tière albano-grecque, dans la région de Kakavia. Mais, soit
que leurs complices fussent en retard, soit que le chef des
Albanais qui les accompagnait, un fidèle d'Ali Pacha, eût
flairé le complot, le chargement parvint à bon port, tandis que
trois des comploteurs se trouvèrent empalés à proximité d'un

torrent que les gens du cru, le tenant pour hanté, avaient baptisé le maudit. Pour montrer son dévouement au gouverneur de Jannina, le chef des Albanais lui livra, en même temps que la lettre de remerciement qui confirmait la réception du chargement, la main droite de chacun des trois coupables. Ne manquait plus que celle du quatrième, Dimitri Oiconomos, reconnaissable à sa pilosité abondante qui la faisait ressembler à la patte d'un animal.

Quand nous le retrouvons trois ou quatre ans plus tard, il porte la tonsure, ayant déjà été incorporé parmi les membres du couvent idiorythme. Il fait nuit, sa tête est recouverte d'un capuchon et ses yeux brillent de la satisfaction de l'homme qui vient de retrouver ses esprits. Son corps aux formes carrées, plutôt trapu, mais d'une solidité remarquable, se profile comme une ombre derrière la lucarne d'où le religieux peut voir et entendre tout ce qui se passe à l'intérieur du bâtiment.

Un peu plus loin, il y a l'higoumène du couvent, le frère Timothée, et un moine gréco-serbe, du nom de Ioannis, Ivan ou quelque chose de comparable, qui prétend avoir confessé le révolutionnaire grec Rigas Pherraios avant qu'il ait été exécuté dans la forteresse Kalamegdan, à Belgrade, et que son cadavre ait été balancé dans le Danube. Assis sur une banquette en bois, ils sont en train de converser sans imaginer que quelqu'un pourrait les épier, Dieu mis à part, bien

sûr, auquel ils ont consacré leur vie. Ils sont faiblement
éclairés, comme des icônes sur le mur d'une église déserte
quand tombe sur elles la lueur sinueuse d'un cierge. Le visage
d'Ivan, le Gréco-Serbe, est osseux et longiligne, avec de fortes
mâchoires et une barbe blonde, clairsemée. La conversation
porte sur le bouillonnement des affaires du monde, sur la
comparaison entre les Balkans et un nid de fourmis, avec
toutes ces âmes qui s'épuisent à porter le fardeau de leur
avenir, l'avenir qui creuse ses galeries dans le présent, miné
par les désirs et les ambitions trop humaines. C'est là, pour la
première fois, que Dimitri Oiconomos entend parler du scandale. Il concerne la profanation de certaines icônes par un
prince qui, en raison de la confusion de son âme dévoyée,
les considère comme des bouts de bois teinté, en les vouant à
une coexistence forcée avec les aberrations de l'antique idolâtrie.

« Il paye des rançons pour les acquérir et les enfouir
dans les caves de son enfer », avait conclu le moine gréco-
serbe.

Après quoi la discussion s'était égarée dans les dédales du
questionnement théologique sur les rapports de la substance
divine avec l'art pictural, un sujet de tracas pour les penseurs
des siècles byzantins. Quant au frère Markos, il s'était égaré
dans l'ombre de la nuit avec ses projets. Projets qu'il concré-
tisa un an plus tard environ, en 1819, quand il frappa à la

porte du palais de Nicolaki Morusi à Constantinople, en
transportant dans ses bagages toutes les icônes qu'il avait
réussi entre-temps à subtiliser dans les différents monastères
de la Sainte Montagne. À ce qu'il paraît, la première fois que
le grand drogman de la flotte ottomane fixa des yeux l'icône
de la Vierge à l'enfant, il sourit comme s'il se rappelait, ou
comme s'il trouvait, une chose qu'il cherchait depuis longtemps. Dans toute cette foule de saints aux yeux en amande, à
la mimique renfrognée et aux gestes mesurés, parmi toutes
ces figures qui refoulaient leur corps comme le Verbe de la
Vérité refoule les passions de la vie, l'icône semblait un
paradoxe. Quand le moine Markos lui donna l'assurance
que l'icône était acheiropoïète, le prince hocha la tête avec
une certaine condescendance. Il approcha son flambeau de la
toile peinte afin de distinguer encore mieux les plis du tissu
qui enveloppait le corps du nourrisson divin.

C'est à peu près comme cela que débuta leur collaboration.
Nous le retrouvons, en avril 1820, à Kimolo, puis à Milo où il
propose mille piastres à Yorgos Kendrôtas pour acquérir la
Vénus. L'ex-religieux Markos avait troqué son nom contre
celui de Dimitri Oiconomos et l'ex-armatole était devenu un
serviteur aux gages de Nicolaki Morusi.

On affirme que ce sont les accusations du frère Timothée,
l'higoumène du couvent idiorythme dans lequel fut dérobée
la Vierge, qui menèrent Nicolaki Morusi dans le palais du

grand vizir, ce fatal soir de 1821. Pour être exact, Morusi fut traîné chez le vizir, puisque ce sont, paraît-il, quatre janissaires armés qui lui apportèrent l'invitation à dîner. C'est ainsi que l'higoumène s'efforça de préserver l'icône de la profanation et sa foi d'une nouvelle hérésie. Car lui-même considérait que les hérésies naissent de la mauvaise interprétation de la langue divine, que les icônes sont les phrases qui composent cette langue et qu'une phrase séparée de son contexte, a fortiori une icône coupée de l'espace spirituel du monastère, prête facilement à malentendu. « Les seins de la Vierge, c'est seulement avec les yeux de la foi qu'on peut les voir nus », disait-il.

Nicolaki Morusi mourut sans voir la Vénus.

Le moment était venu pour l'histoire de retrouver le chemin qu'elle avait quitté provisoirement.

6

À CETTE ÉPOQUE, selon les témoignages des voyageurs, un vêtement de femme au complet coûtait aux environs de trente-sept piastres. Dans le prix étaient compris la jupe, le fichu, la camisole, le plastron (avant et arrière), la blouse, le gilet, les bas et les pantoufles. Aussi bien, pour mille piastres, on pouvait acquérir vingt-sept habits féminins au complet. Le prix nous autorise une déduction : la première fois que la valeur de la Vénus de Milo fut estimée en argent, la somme, sans être énorme, était assez élevée. Pour évaluer, bien sûr, son importance, nous devrons avoir à l'esprit que la statue était toujours brisée en deux morceaux dont l'un se trouvait dans le champ de Yorgos et l'autre dans les catacombes, et que ces deux morceaux devaient être transférés au port dans le plus grand secret, afin d'être chargés sur la goélette *Galaxidi*. En conséquence de quoi le vendeur ne pouvait assurer à l'acheteur la propriété de l'œuvre, même après le versement de la somme.

Si nous mesurons la transaction à l'aune des données actuelles fournies par le marché international des antiquités,

en tenant compte de la possibilité pour une œuvre d'art
d'augmenter cent fois sa valeur sur le trajet qui la mène du
repaire des trafiquants à la salle de vente et de celle-ci à
l'acheteur final, nous pouvons considérer que la Vénus de
Milo entama sa carrière mondaine dans des conditions plus
qu'honorables. Au demeurant, la statue n'avait pas encore
acquis le statut de chef-d'œuvre, ce label de valeur inestimable qui la met hors marché, ou plutôt au-dessus, en l'élevant au rang d'unité de mesure de toutes les œuvres encore
soumises aux lois de la société marchande.

De tout cela, on peut, si l'on veut, tirer une conclusion :
malgré son caractère et sa physionomie évoquant une carica-
ture de bandit dans la série des classiques illustrés, Dimitri
Oiconomos non seulement fit une offre honnête à Yorgos
Kendrôtas, mais démontra le sérieux de son expertise concernant la valeur de la statue. Pour aboutir à sa proposition, il n'est
pas du tout exclu qu'il s'informa de la somme versée par Louis
de Bavière pour l'achat du théâtre antique et dont le montant,
malheureusement, nous demeure inconnu. Parmi tous ceux
qui, gros poissons ou menu fretin, frétillaient autour de la Vénus
comme de petits papillons attirés par la flamme de la bougie,
celui-ci composait des poèmes, celui-là en faisait un dessin
tout en murmurant des mots d'amour et cet autre songeait à la
cartographie des bords de l'Abkhazie. L'envoyé de Nicolaki
Morusi était le seul à la considérer avec le réalisme adéquat.

Comme cela fut démontré par la suite, ce fut lui qui, déroulant le tapis rouge devant la Vénus, la fit entrer dans son époque.

Avant de nous empresser de condamner Yorgos Kendrôtas comme un pâle trafiquant d'antiquités, songeons que cela équivaudrait à lui jeter la pierre sous prétexte qu'il n'aurait pas compris la valeur du socialisme ou l'importance du marché libre. Cela reviendrait en somme à juger ses actes d'après des critères moraux que lui-même ne pouvait qu'ignorer. Il n'y avait pas d'État grec, Milo était une petite île perdue quelque part dans l'immensité de l'Égée (car c'est ainsi que l'Égée devait apparaître aux yeux de Yorgos : comme l'horizon marin derrière lequel s'étendait une humanité infinie dont il ne savait rien) et, de toute façon, aucune législation archéologique n'interdisait la circulation des antiquités.

Le général Macriyannis insiste beaucoup sur la solidarité morale qui unit les Grecs modernes avec leurs ancêtres. Mais nul n'a le droit d'oublier qu'il compose ses *Mémoires* à une date ultérieure, quand le sang a coulé à flots et que l'État grec a été doté d'une structure, fût-elle rudimentaire. En 1820, même si l'un ou l'autre lettré s'est mis à bâtir sur cette solidarité une église pour abriter l'idéologie néo-hellénique, aux yeux de Yorgos qui n'est qu'un habitant des îles égéennes, les marbres, par leur présence, sont les catalyseurs d'un sentiment plutôt confus. Un cocktail d'effroi, de mysticisme et de refoulements religieux dont il a éprouvé la saveur quand il a été confronté à l'enthousiasme des différents voyageurs.

Si nous admettons, selon la recommandation de Georges Séféris, que le texte du vieux général possède, entre autres, une valeur littéraire, nous devrons également prendre en compte le rôle qu'a joué la littérature dans toute cette affaire. Je veux dire dans le fait que ce sont les textes qui ont formaté ce sentiment confus, lui ont donné un nom et une consistance, un visage, une physionomie et, par voie de conséquence, une dimension éthique.

À en juger d'après le petit bout de terre où fut découverte la Vénus, on peut conclure que Yorgos Kendrôtas ne devait être ni un propriétaire terrien, ni l'un de ces *capétanios* qui avaient amassé des richesses en sillonnant la Méditerranée et le Pont-Euxin. Donc les mille piastres que lui offrait Dimitri Oiconomos, qu'il eût ou non le dessein d'acheter à son épouse vingt-sept ensembles vestimentaires, représentaient pour lui une somme plutôt rondelette. Il y avait là de quoi changer ses conditions de vie : nul besoin de calculer avec précision ce que cela signifierait pour lui, pour sa femme et son apprenti qu'il se proposait d'adopter.

Il n'est pas exclu que ce fut cette prise de conscience qui contribua à rendre publique la proposition d'Oiconomos et à en faire un secret de Polichinelle, l'information circulant parmi les intéressés en deux temps trois mouvements. Yorgos l'avoua-t-il à son épouse en l'obligeant, sur la tête de ses ancêtres, à jurer ses grands dieux qu'elle ne parlerait à personne de ces mille piastres ? Ou bien le jeune Andréas Kalokairinos, ayant surpris la conversation entre le propriétaire primitif et le moine, fit-il part de la nouvelle à Démosthène Sophocléous, assuré qu'il était d'impressionner son idole par les renseignements dont il disposait ? Cela n'a pas beaucoup d'importance.

Ce qui en a en revanche, c'est qu'un peu plus tard, Démosthène, l'Initié, muni de toutes les ressources de son élégance empruntée, frappa à la porte d'Euthyme Batis comme s'il était aux abois. Quand on lui ouvrit finalement, sans oublier de sacrifier à sa grandiloquence coutumière – mais en prose cette fois, Dieu merci ! –, il se lança dans une sorte de harangue nationaliste destinée à prévenir l'enlèvement d'un symbole, à empêcher l'extinction des feux dont rayonne le corps nu de la déesse et la dissipation de son parfum dans la brise de mer chargée de sel. Foi d'Initié, il fallait sur-le-champ informer les représentants des puissances européennes dans l'île, car il était clair que toute cette agitation puait la manigance ottomane dont le but était de castrer les énergies populaires à la veille d'un soulèvement qui devait changer la face de l'Histoire !

Ce qui revêt également de l'importance, c'est ce que le notable, Euthyme Batis, pouvait retenir dans tout ce

délire : à savoir que Dimitri Oiconomos avait offert mille
piastres à Kendrôtas pour l'achat de la Vénus et que Sophocléous, tout de suite après, dans un état d'excitation perpétuel,
avec ses yeux exorbités comme jamais et sa tignasse gonflée,
dansant au rythme de ses gestes et de ses cris dans le salon de
la demeure consulaire, avait exigé de Louis Brest d'intervenir
au nom de la civilisation pour sauver le symbole sur le point
d'être relégué dans je ne sais quel bas-fond du Moyen Âge
ottoman ! Son français était très rudimentaire, mêlé d'une
bonne dose d'italien, et sa confusion ajoutait encore à la
pauvreté de son vocabulaire. Mais malgré ses cris, ses gesticu-
lations et l'écarquillement de ses yeux qui vous empêchaient
de suivre ses propos, le consul comprit la gravité de la situation et convoqua d'urgence le sieur d'Urville pour des négociations.

Pourquoi d'Urville et pas Voutier ? Peut-être parce que la
fatuité, si visible soit-elle, garde ses vertus persuasives, peut-être
parce qu'il considérait le cartographe des bords du Pont-Euxin
comme un interlocuteur plus fiable que le futur philhellène
romantique : sans doute avait-il commencé à soupçonner
quelque chose entre sa femme et le jeune aspirant.

En tout état de cause, d'Urville fut repéré ce jour-là, après
plusieurs heures, à la tombée de la nuit, au flanc d'une colline,
penché sur un tas de pierres. Quand il eut été mis au courant, sans perdre son sang-froid et avant de décider d'une

manœuvre, il demanda à revoir, avec le consul, le dessin de la
Vénus. Il ne put dissimuler la difficulté, et la pointe d'agace-
ment, que lui causait le mauvais fonctionnement des autorités
officielles dans son pays, quand le consul, levant les bras au
ciel et les laissant retomber inertes sur ses hanches, comme
s'il était complètement dépassé, lui jura ses grands dieux qu'il
avait rangé lui-même le dessin dans l'armoire, avec les sceaux
et les documents de voyage, et ne pouvait comprendre qui
l'avait emporté.

Dès qu'on l'interrogea sur le sort du dessin, la femme du
consul toujours indisposée, étendue sur son lit, avec les volets
clos pour empêcher la lumière du soleil de blesser ses yeux
bleus, le retira de dessous l'oreiller où elle le conservait afin de
le regarder de temps à autre. Tant il était vrai que la statue,
pour autant que l'esquisse fût fidèle, résonnait comme une
phrase musicale. C'était une mélodie pour instruments à cor-
des et à vent qui rendait optimiste la femme du consul et lui
faisait, un moment, oublier son état. De sa voix épuisée par
l'incommodité dont elle souffrait depuis de nombreux jours,
elle ajouta que la Vénus était plus belle ainsi, sans la main
gauche portant la pomme de discorde : le retrouverait-on, ce
symbole de menace et de mauvais augure ? Il briserait la
mélodie comme un roulement de tambour ! Son petit monologue, hautement théâtral, il faut bien l'avouer, Madame Brest
l'interrompit en demandant à son époux ce qu'il comptait

faire avec l'esquisse. Et il lui parla des mille piastres, lesquelles parlaient d'elles-mêmes, et de la responsabilité qui lui incomberait si lui, représentant du royaume de France, ne faisait pas tout ce qui était humainement possible pour que le royaume en question pût acquérir cette œuvre essentielle.

À la fin, demeurée seule, Madame Brest consigna dans un carnet tout ce que lui avait dit son époux et demanda à la jeune Grecque Maritsa, sa servante, de le remettre à Olivier Voutier. Il n'y avait pas un instant à perdre. C'était une question de vie ou de mort, conclut-elle avant de laisser choir sa tête sur le coussin, comme épuisée par l'effort, fixant de ses yeux bleus le vol d'un petit insecte qui se cognait au mur, aux volets et au plafond tandis qu'il charchait pour trouver une issue vers la nature égéenne. Son regard était triste, comme s'il suivait les efforts de son âme pour se libérer de ces liens dans lesquels sa propre vie l'avait emprisonnée.

Dès qu'Olivier Voutier et le capitaine de *L'Estafette*, le sieur Robert, se présentèrent, un peu plus tard, à la porte de la demeure consulaire, ils furent reçus comme des intrus par les deux autres. Quand, de surcroît, ceux-ci firent savoir que la goélette était prête à lever l'ancre, le lendemain à l'aube, pour rallier Constantinople afin de montrer à l'ambassadeur, le marquis de Rivière, le dessin figurant la Vénus, le sieur d'Urville, manifestement agacé par la situation qu'il sentait lui échapper, décida de le prendre de haut. Il leur demanda

s'ils étaient sûrs de ce qu'ils allaient faire et quelles garanties
ils pouvaient fournir quant à la valeur de la statue, étant
donné que l'œuvre en question non seulement était man-
chotte, mais, autant qu'il avait pu en juger par lui-même, ne
constituait que la moitié du marbre représenté par l'esquisse.
Quand Voutier lui demanda s'il considérait que quelqu'un
serait assez fou d'offrir toute une somme de mille piastres
pour deux jambes de femme, Dumont d'Urville lui répondit : « Ces Grecs entre eux peuvent dire et faire ce qu'ils
veulent. »
 L'instant d'après, il déclara qu'il en avait assez de s'occuper
de statues mutilées, des bras ou des jambes qui leur man-
quaient ou pas. À croire que l'heure était enfin venue pour lui
de s'atteler à d'autres besognes, plus sérieuses, qui l'attendaient. Il semble pourtant qu'en fin de compte, la somme que
proposait Oiconomos et l'esquisse de Voutier l'intéressaient
bien plus qu'il ne voulait le montrer. Malgré tout ce qu'il
venait de dire et bien qu'il n'eût pas encore vu le tronc de la
Vénus. Après le départ des deux intrus, il sollicita l'aide de
Monsieur le consul pour convaincre le capitaine de *La
Chevrette* de cingler en toute hâte vers Constantinople faire
entendre, au moment opportun, la voix de la raison et ne pas
permettre que l'ambassadeur, un marquis, fût victime d'un
jeune romantique, lequel, comme si cela ne suffisait pas,
était en plus un partisan de Bonaparte. Dumont d'Urville ne

manqua point d'assurer le consul que son aide ne passerait pas inaperçue. Honneur oblige, il se chargea lui-même de signaler au marquis de Rivière que c'était grâce à l'intervention de leur consul à Milo que les choses avaient été ce qu'elles étaient, sans évidemment préciser. Ravi et flatté par la générosité du futur explorateur du pôle Sud, Louis Brest décida, semble-t-il, de se montrer généreux à son tour : « Malheureusement, le budget du consulat ne m'autorise pas à décaisser une somme aussi considérable. Je pourrais éventuellement faire fond sur mes économies. Ce serait pour moi un grand honneur de faire don d'une telle œuvre au Musée royal – à condition bien sûr que ce soit vous qui vous chargiez de l'accompagner. Toutefois, comme vous en conviendrez, rien ne m'assure que la valeur de l'œuvre me dédommagera des frais occasionnés. D'ailleurs mon épouse est enceinte et, comme vous le comprenez, je dois gérer avec beaucoup de prudence les biens qui m'appartiennent. »

Il n'avait aucune objection, bien au contraire, à se rallier à la nécessité de faire partir le plus tôt possible *La Chevrette* pour Constantinople.

Nous sommes contraints de suivre les événements comme au théâtre, avec leur accélération sensible. Si Dimitri Oiconomos avait réussi finalement à s'emparer de la Vénus, il est très vraisemblable que le chef-d'œuvre n'existerait plus aujourd'hui. Il aurait été détruit avec les autres pièces du

Musée caché. Mais il est tout aussi vraisemblable que si Dimitri Oiconomos n'avait pas proposé lui-même les mille piastres, la Vénus de Milo n'eût sans doute jamais trouvé le chemin qui la mena jusqu'à la galerie du Louvre.

C'est l'esprit plein de toutes ces conjectures que nous suivrons l'histoire, laquelle continue ce soir-là, un peu plus tard, quand Euthyme Batis se rend à la demeure consulaire pour exposer à Louis Brest la situation que le consul connaît déjà et lui demande ce qu'il compte faire.

Surpris, le notable se trouva confronté à un homme qui semblait avoir perdu ses moyens et répondait à mots couverts à ses questions. On eût dit qu'il était lié par une promesse qui lui interdisait de révéler ses intentions ou qu'il était préoccupé par un souci à ce point important qu'il était incapable de se concentrer pour lui fournir une réponse. Batis eut beau lui dire sans ambages que la seule solution pour sortir de l'impasse, c'était d'offrir, pour le compte du royaume de France, une somme de plus de mille piastres et que l'initiative devait être prise au plus tard le matin suivant : le consul, comme s'il ne comprenait pas de quoi il lui parlait, s'en tint à des échappatoires.

Il dit au revoir à son visiteur comme s'il avait hâte de s'en débarrasser. En vérité, après s'être dépêché de prendre congé du notable, le consul, dès que l'autre fut parti, sortit à son tour et s'évanouit dans la nuit sans lune de l'Égée. Depuis un

certain temps, il est vrai, il n'avait plus qu'indifférence pour
la Vénus et son destin. Ce qui l'intéressait en premier lieu,
c'était de trouver son épouse, Catherine Brest, qui avait disparu de la maison dans l'après-midi, malgré son indisposition. Au même moment, à l'autre bout de la capitale de l'île où
se trouvait aussi la maison de Yorgos Kendrôtas, le père
Théodose développait à l'intention de ce dernier certains
points de nature théologique, relatifs à l'incompatibilité du
paganisme avec la religion chrétienne. Il lui expliquait la
manière dont le Saint-Esprit, exhalant le Verbe de la Vérité,
puissant comme le vent du nord et doux comme la brise de
mer, purifiait le climat de l'univers de la puanteur des idoles. Il
lui expliquait aussi que le triomphe de la foi, quoiqu'il fût
définitif et inexorable, n'empêchait pas certaines de ces
idoles, avec le secours de l'Innommable, de revenir sur terre
pour tendre la pomme de discorde à la fraternité des chrétiens, bien qu'elles fussent mutilées, brisées en deux, et, en
règle générale, dans un triste état. Même après la mort,
c'étaient les emballements de leurs sens qui les tourmentaient.
Dans ces conditions, le devoir de tout chrétien, dès qu'il avait
flairé leur présence, c'était de les renvoyer là-bas, d'où elles
venaient, chez le diable autrement dit. Le père Théodose
comprenait le zèle de Yorgos à se débarrasser de la statue qui
avait poussé dans son champ, mais Yorgos devait avoir à

l'esprit que l'absence physique de l'idole n'entraînait pas automatiquement la purification du corps souillé. «Ce genre de choses laissent derrière elles leur parfum, Yorgos, mon enfant.» Le plus raisonnable par conséquent, ce serait, «pour s'en débarrasser une bonne fois pour toutes», que l'on bâtît à l'endroit où elle fit son apparition, ou quelque part ailleurs, peu importe, une église consacrée à la Vierge avec l'argent, ou du moins une partie de l'argent, que devaient encaisser, selon la rumeur, lui-même et les autres notabilités. On ignore ce que Yorgos Kendrôtas répondit au père Théodose. Nous n'avons qu'une seule certitude : dès que le prêtre eut quitté sa maison, Yorgos rejoignit à son tour le cortège des ombres errantes qui hantaient cette nuit du 19 au 20 juillet 1820. Une nuit qui se révéla particulièrement décisive pour l'avenir de la Vénus de Milo, la réputation du musée du Louvre et l'histoire de l'art en général.

Au début de cette nuit-là, Oiconomos et ses Albanais se proposaient d'enlever la partie inférieure de la statue du champ de Yorgos. Et tout se fût déroulé comme prévu si, en s'approchant de cet endroit, ayant pris toutes les précautions possibles pour ne pas se faire repérer, ils ne s'étaient trouvés face à un autre membre du cortège des ombres qui allaient et venaient dans le paysage sans lune de Milo. Il était agenouillé au pied de la Vénus et, la tête penchée comme s'il priait, lui murmurait une foule de choses insaisissables, bien rythmées cependant. En même temps, il ne cessait d'interrompre son monologue, comme s'il attendait que la déesse répondît tout de suite à ses questions. Il sembla finalement se faire à son silence, car, l'instant d'après, prenant son élan, il poursuivit son monologue dans un style qui donnait à penser, bien que son discours fût incompréhensible, qu'il était en train d'argumenter. Mais ce qui fit le plus d'impression, ce fut le très entêtant parfum : on avait beau se trouver à la campagne, la nuit avait beau être fraîche, l'atmosphère autour de la statue devenait oppressante. Si forte était l'odeur, entre lavande, violette et patchouli ! Dimitri Oiconomos tenta bien d'en déterminer la provenance, mais ce fut peine perdue. La difficulté qu'il éprouvait ne put vraiment se résoudre que quelques minutes plus tard, lorsqu'il vit l'ombre sortir de sa poche comme une fiole et baigner la statue avec son contenu. On eût dit un rituel, il s'accompagnait d'une accélération du rythme du monologue, à croire que le silence prolongé de la déesse énervait le personnage.

L'ombre agenouillée était bien évidemment Démosthène Sophocléous qui ne se contentait pas de répandre du parfum autour de la statue, mais allait jusqu'à lui adresser la parole, et en grec ancien, s'il vous plaît ! « Si nous voulons qu'elle nous comprenne, ne cessait-il de répéter, nous devons lui parler dans *sa* langue. Nous ne devons pas forcer les dieux à apprendre le langage des hommes, même s'ils sont les amis des hommes. C'est à nous d'apprendre leur langue si nous voulons qu'ils nous comprennent. »

Le malheureux, apparemment, était devenu totalement fou. Et pourtant, comme les décennies qui suivirent allaient le démontrer, ce genre de folie inclinant à faire croire que l'on peut communiquer directement avec l'âme des statues antiques devint très couramment, dans nos contrées, une entorse aux règles du sens commun. Et chacun en usa selon ses capacités mentales.

Il y eut bien sûr les chanceux : ils avaient le talent et la vigueur de convertir leur pulsion en flamme créatrice. Ou bien, comme Sikélianos, ils voyaient dans leur folie un énorme totem à sculpter de toute la puissance de leur langue. Ou bien, comme Cavafy, ils parvenaient à s'en faire une amie, à lui parler familièrement, à nouer avec elle un rapport de complicité qui ne laisse pas d'être raffiné, même s'il doit composer avec un sentiment très intime de la langue de tous les jours.

J'entends d'ici les objections : je sais la difficulté d'admettre la coexistence d'un poète aussi important que Sikélianos avec un personnage du genre de Démosthène Sophocléous, lequel fit son apparition à Milo comme le Marc-Antoine de Cavafy, en homme prêt depuis longtemps, je veux dire : prêt depuis longtemps à se faire passer pour un idiot ! On a peine à croire que, dans la nuit sans lune de Milo, sous la figure agenouillée,

déclamant Pindare ou Homère et répandant le patchouli
autour des jambes de la déesse, se profilait le geste qui serait
posé à Delphes quelque cent ans plus tard, vers 1920.
À l'époque, Sikélianos célébrait la résurrection des Fêtes del-
phiques avec le *Prométhée enchaîné* d'Eschyle. À l'instant où
paraissait sur scène le chœur des Océanides – un cortège de
jeunes danseuses en mini-jupes –, un aigle qui s'était envolé
du rocher de Castalie, manifestement perturbé par la poésie
d'Eschyle, provoqua chez le poète une sorte de réaction
paroxystique : il bondit sur la scène et se mit à hurler, comme
si l'esprit antique apportait son soutien à son ambitieux pro-
gramme. Je songe encore à cette histoire que me raconta il y a
des années l'hôtelier qui avait hébergé Sikélianos à Delphes.
Le poète l'avait réveillé dès potron-minet. Ensemble, ils
devaient cheminer trois heures durant jusqu'au sommet du
Parnasse – le plus élevé, d'où l'on aperçoit les Dardanelles –
pour y saluer le lever du soleil en poussant à jet continu un
chapelet d'exclamations. De Sophocléous à Sikélianos,
j'admets que les hauteurs ne sont pas comparables.

Il n'empêche, Sophocléous avait beau nous offrir un spectacle haut en couleur : même s'il se dérobait derrière un
pseudonyme, même si, Dieu sait pour quelles raisons, il
feignait d'être un révolutionnaire, il fut le seul, dans le cortège des ombres qui circulaient autour de la Vénus, à ne
prendre en compte ni l'argent, ni sa gloire posthume, ni les

remerciements de Sa Majesté podagre. Le seul qui, jusqu'à ce moment du récit en tout cas, suivait sa logique propre au sujet de la Vénus et se comportait comme un facteur impondérable, imprévisible, voire dangereux, du moins pour les projets d'Oiconomos. Lui, voyant l'heure passer et l'homme en prière demeurer à sa place, tandis que ses invocations à la Vénus étaient si abondantes que la nuit manifestement n'y suffirait pas, prit la résolution d'éliminer Sophocléous.

La confusion que sèmerait dans le champ de Yorgos le corps poignardé de l'Initié serait telle que, tôt ou tard, cela pourrait donner à tous les curieux l'envie de savoir ce qui se tramait au juste à bord de la goélette *Galaxidi*. Mais un homme évanoui à la suite d'un passage à tabac et qui prétend que des fantômes hostiles sont sortis de l'ombre en volant puis se sont mis à le battre comme plâtre, on peut le neutraliser tel un forcené, en invoquant les singularités de son caractère et les voies tortueuses de sa folie. Bien sûr, il y avait les bleus et les contusions, mais nul n'excluait l'éventualité que Sophocléous, tandis qu'il errait dans la nuit sans lune et déclamait quelque rapsodie d'Homère dans la symphonie des étoiles, avait fait un faux pas et glissé dans quelque ravin. En conséquence de quoi, le lendemain matin, son œil gauche, au lieu d'être écarquillé, vous fixerait gonflé et fermé à moitié.

Passé minuit, la charrette avec les deux mulets et, en guise d'escorte, les quatre Albanais enturbannés, Dimitri

Oiconomos et Yorgos Kendrôtas, suivant le chemin qui
mène de la capitale au port, passèrent devant une maison à
deux étages à moitié en ruines, que ses propriétaires avaient
abandonnée bien des années auparavant, on ignore pour
quelle raison. C'était cette maison que Voutier avait repérée
quelques jours plus tôt au cours de ses allées et venues et
c'était là qu'il avait fixé la dernière et fatidique rencontre avec
Catherine Brest, avant leur fuite commune. Fatidique : l'épi-
thète, mi-sérieuse, mi-plaisante, figurait dans le mot qu'il avait
adressé à son amie pour lui demander d'emporter avec elle
tout ce que nécessitait le voyage vers « l'océan de la vie nouvelle qui s'ouvrait devant elle » (en vérité, ce genre de formule
lyrique convenait parfaitement à la personnalité du jeune aspirant). Mais quand la jeune femme se présenta sans les objets
de première nécessité et tomba dans les bras de son libérateur,
tandis qu'il enlaçait ses épaules comme un homme qui se noie
cherche à s'accrocher à une planche de salut, elle lui expliqua
qu'elle les avait préparés, cachés dans une armoire dont
elle seule possédait la clé et qu'elle reviendrait les prendre
le lendemain matin, quelques minutes avant leur départ. Elle
ne voulait pas éveiller les soupçons du consul – elle l'avait
vraiment désigné comme cela, par son titre officiel, comme si,
déjà, elle avait pris ses distances par rapport à son époux.
    Si vif était, semble-t-il, le penchant de Voutier pour les
effusions qu'il ne songeait même pas à lui dire que, dès que

Brest aurait constaté son absence, il nourrirait des soupçons. Il lui suffisait de la tenir dans ses bras et pour la première fois, il se sentait protégé par tant de calme et tant de solitude. Son amour lui permettait de dédaigner superbement tous ces détails pratiques et c'était comme si lui-même avait franchi son propre Rubicon, la mer Égée en l'occurrence, et voyait dans les yeux de sa bien-aimée – tels qu'il pouvait les imaginer, car il avait peine à les distinguer dans la pénombre – le reflet du dôme de Sainte-Sophie à Constantinople.

Quand furent épuisées, malgré leur abondance, toutes les réserves de promesses, de serments formels et catégoriques, de baisers et de cajoleries, et que Catherine Brest, pour la dixième ou pour la vingtième fois, fit observer que l'heure passait et qu'elle devait rentrer chez elle pour prendre l'indispensable avant le réveil de Maritsa, sans jamais écarter les mains de son amoureux et le front appuyé encore et toujours contre sa poitrine, ils firent l'amour. Ils firent l'amour comme s'ils ne comprenaient pas ce qu'ils faisaient, elle fondant en larmes, de désespoir ou de bonheur – on ne saura jamais –, et lui, silencieux, accompagnant de sa respiration le rythme de ses sanglots, tandis qu'il lui caressait le cou et couvrait de baisers son visage.

Alors même que se déroulait la grande scène par laquelle devait se conclure le rendez-vous d'amour secret d'Olivier Voutier et de Catherine Brest, sur la route, devant la maison à moitié en ruines, passait une escorte qui transportait la Vénus, couverte de branches d'olivier et de bois de chauffage, vers la goélette *Galaxidi*. Absorbé par ses affaires, le jeune aspirant n'entendit ni le crissement des roues, ni le cri que poussa l'un des Albanais qui, ayant trébuché sur une pierre, avait glissé et s'était étendu de tout son long.

Deux heures plus tard, quand les jambes de la Vénus, enroulées dans leur voile, se prélassaient à bord de la goélette *Galaxidi* sous un matelas de soie rouge et azur, le sieur Brest, entrant dans sa demeure, fut soulagé de constater que sa femme, qu'il avait cherchée toute la nuit, dormait dans son lit. D'un naturel optimiste, il reconnut son trop d'empressement à tirer des conclusions sur la conduite du sexe faible. Quelques heures auparavant, à la recherche de son épouse disparue, il s'était retrouvé dans le champ de Yorgos pour constater qu'en même temps que sa femme, la seconde moitié de la Vénus s'était effacée de la surface de la terre. Pris de panique, il se persuadait que toutes les femmes avaient décidé d'un commun accord de disparaître de sa vie.

Rassuré désormais quant à l'essentiel, la solidité de son mariage, il attribua l'absence de sa femme à quelque pulsion propre à son caractère et remit à plus tard l'établissement des responsabilités, quand le grêlé aurait quitté les eaux territoriales, placées sous sa juridiction. Puis il alla frapper à la porte d'Euthyme Batis pour lui communiquer, avec ses regrets, la nouvelle de la disparition du second morceau de la statue.

Au même moment, le sieur Dumont d'Urville, dans une maison adjacente où il avait demandé l'hospitalité afin d'éviter, ne fût-ce que pour quelques jours, de devoir dormir dans le hamac de *La Chevrette*, fixait des yeux le bleu plombé du ciel matinal qui s'alliait avec la couleur mauve de la mer et avec l'ocre de la terre, comme pour former de concert les vivants portraits d'un seul et même visage, celui du paysage de l'Égée. Il n'avait pas sujet de déplorer l'évolution de la situation en général. La satisfaction qu'il ressentait l'avait amené à conclure que le climat de l'île était exceptionnel puisqu'il lui avait suffi de quelques heures de sommeil pour se reposer, pour regagner ses forces et son indispensable lucidité. Tout de même, avait-il ajouté à part lui, il était paradoxal qu'avec tant de mer alentour, le pays semblât totalement privé d'humidité. C'était le dernier matin qu'il passerait à Milo, puisque le bâtiment océanographique était prêt à brusquer son départ, un peu plus tard le même jour, afin de lui permettre d'arriver à temps à Constantinople où il traiterait à sa guise l'affaire de la Vénus.

Une nouvelle heure venait de s'écouler et *L'Estafette* était sur le point d'appareiller, lorsque Voutier qui se trouvait encore sur la jetée, au lieu de prendre dans ses bras, comme il s'y attendait, Catherine Brest pour l'aider à monter dans la

barque qui les conduirait jusqu'au bateau, se retrouva, sans
savoir au juste pourquoi, en train de converser avec son mari.
Ils ne disaient rien d'important. Ils échangeaient deux phrases, mais suffisantes pour dire ce qu'ils avaient à dire :

« Au moins pouvez-vous emporter ceci avec vous », fit le
consul en lui tendant l'esquisse que, dans son trouble, il avait
complètement oubliée.

« À nous revoir, Monsieur », répondit l'aspirant, piqué au
vif, tâchant toujours de démêler si c'était elle qui avait décidé
de ne pas le suivre ou si c'était son mari qui l'en avait
empêchée. Les questions sans réponse l'empêchaient de réagir. Tant et si bien qu'il monta seul dans la barque, tenant
l'esquisse, les vêtements imprégnés par le parfum de sa bien-
aimée. À mesure que la brise de mer effaçait peu à peu la
fragrance, il conservait comme une empreinte la sensation du
corps qu'il venait d'étreindre quelques heures auparavant.

Nous ne saurons jamais si Catherine Brest, enceinte,
s'abandonna à l'amour d'Olivier Voutier parce qu'elle croyait,
dans son désespoir, qu'elle pourrait ainsi s'affranchir des liens
à perpétuité auxquels devait la condamner, dans quelques
mois, la venue au monde de son enfant, ou bien, si, ayant déjà
fait l'amour avec l'aspirant, elle réalisa qu'elle était enceinte,
sans toutefois le lui avouer, peut-être parce qu'elle craignait
de l'effrayer, peut-être parce qu'elle-même espéra jusqu'au dernier moment que sa grossesse ne serait pas un obstacle à sa

fuite. Il est certain que, jusqu'à ce jour, elle n'avait rien dit à Voutier. Comme il est certain que sa grossesse la retint au côté de son époux. *L'Estafette* avait quitté le golfe de Milo. Déjà elle faisait route vers le nord-est, direction les Dardanelles. Perdant de plus en plus d'intensité, les ombres allaient bientôt disparaître. C'était le moment où Démosthène Sophocléous, dont la vêture bariolée était en lambeaux, l'œil gauche poché et le visage tuméfié, exposait à Euthyme Batis les événements de la veille. En l'occurrence, il n'est pas difficile de supposer que le poète l'entretenait d'esprits et de toute espèce de fantômes qui avaient poussé dans l'ombre pour l'attaquer. Il avait beau délirer, ce n'était pas un idiot.

Il avait parfaitement compris ce qui lui était arrivé et se souciait d'expliquer au notable quelle était sa part de responsabilité.

7

Dans ses Souvenirs de l'Orient, le comte de Marcellus se rappelle les jours qu'il passa en compagnie de Dumont d'Urville, au temps où La Chevrette, ancrée dans le port de Constantinople, était sur le point d'appareiller vers la dernière étape de sa mission océanographique. Il se réfère aux promenades qu'ils firent ensemble « aux bois et aux prairies du Bosphore », mais également aux quelques équipées en Thrace qui permirent au savant naturaliste de se livrer à son activité favorite, la cueillette de spécimens de la flore locale. Là-bas, comme le dit celui qui occupait alors la fonction de secrétaire à l'ambassade de France, le futur navigateur lui révéla ses projets sur la circumnavigation du globe terrestre, à travers les glaces du pôle Sud.

Dans le même chapitre des Souvenirs, le huitième, qui s'intitule « Milo − statue de Vénus acquise et apportée en France », Marcellus évoque un autre projet dont lui fit part son ami. Il s'agit de l'esquisse de la statue : « M. d'Urville, qui passait sur La Chevrette et se rendait dans l'Euxin, voulut bien me

communiquer une notice relative à la statue et le dessin qu'il
en avait crayonné : il y joignit une copie de l'inscription
trouvée en même temps. Malgré les lacunes des lettres, malgré mon inexpérience du style lapidaire, je crus dès lors que le
sens ne pouvait en être appliqué à cette statue, *que je nommais
Vénus même avant de l'avoir vue* (c'est moi qui souligne). Pendant nos promenades (...), je multipliais les questions sur les
fouilles de Milo et leurs résultats : tous les renseignements
que M. d'Urville me répétait avec une extrême complaisance
redoublaient ma curiosité. Je soumis ces informations à
l'ambassadeur, et je sollicitai la permission de me rendre
à Milo. M. de Rivière m'autorisa à pousser une bordée jusqu'à
cette île, bien qu'elle fût en dehors des intérêts de ma mission,
si ce détour ne devait pas entraîner trop de retards. »

Décidé à remettre l'histoire des événements sur les rails qui
la mènent tout droit vers le musée du Louvre, j'ai laissé
pour la fin une constatation que nul lecteur, même superficiel,
des *Souvenirs* de Marcellus ne peut ignorer. Il s'agit de la
disparition, comme par enchantement, d'Olivier Voutier et de
son remplacement par le sieur Dumont d'Urville, lequel
fait son apparition à l'ambassade de France à Constantinople
en tant qu'auteur du croquis et témoin oculaire privilégié de
l'apparition de la déesse sur les eaux de la modernité. Dois-je
supposer que Marcellus est un menteur et qu'il aime autant
faire l'impasse sur Voutier et sur ses opinions politiquement

incorrectes ? Il est vrai que le jeune aspirant, quand ils se rencontrèrent, ne fit aucun effort pour cacher ses sentiments pour Bonaparte et son mépris pour la Restauration dont Marcellus et son ambassadeur, le marquis de Rivière, servaient les intérêts. Ou bien dois-je supposer que Marcellus fut victime à son tour de la tricherie dont l'auteur n'était autre que Dumont d'Urville ? Venu à l'ambassade pour réclamer sa récompense, ce dernier n'éprouva jamais aucune difficulté à minimiser, comme un détail plutôt gênant, la présence et le rôle de Voutier dans toute cette histoire. Le plus vraisemblable, c'est que la vérité se trouve au croisement de ces deux hypothèses.

Je puis également conjecturer, sans grand risque d'erreur, que, dès l'arrivée de *L'Estafette* à Constantinople, le jeune aspirant Voutier, quand bien même il eût essayé, le jour suivant, d'entrer en contact avec un membre éminent de l'ambassade, sinon avec l'ambassadeur en personne, n'en eût point trouvé les portes grandes ouvertes. Il dut être reçu, si jamais il le fut, par quelque sous-secrétaire qui n'écouta son histoire que d'une oreille plutôt distraite. Le fonctionnaire jeta éventuellement un coup d'œil sur le dessin, sans être impressionné outre mesure et, après avoir enregistré sa demande, lui donna l'assurance qu'il l'appuierait dans la mesure de ses attributions. Non, il n'était pas indispensable qu'il prît la peine de repasser par l'ambassade. S'ils avaient

besoin de lui, ils trouveraient le moyen de l'avertir. Le sous-
secrétaire en question, c'était clair, ne considérait pas que
toute cette affaire dût être traitée en urgence. Il est plus ou
moins vraisemblable que Voutier n'était pas le premier à
frapper à la porte de l'ambassade pour s'efforcer de vendre
sa camelote à l'ancienne. À considérer le sort réservé à
d'autres affaires semblables dans le passé, le sous-secrétaire
devait avoir conclu que le plus sage était de reléguer toute
cette question aux oubliettes. Au pire, il se verrait contraint
de faire avancer l'affaire dès l'instant et pour le cas où l'intéressé rentrerait au pays. C'était une chose que l'autre tenait
pour très improbable, à en juger d'après son humeur revêche
et cette façon qu'il avait, tandis qu'il montrait l'esquisse
au fonctionnaire, d'avoir l'air de porter sur ses épaules le
plus lourd des fardeaux. En fait, Voutier ne fit certainement
pas le moindre effort pour farder les sentiments d'hostilité
que provoquaient en lui le milieu royaliste de l'ambassade, la
réputation qu'avait le marquis de Rivière d'être un partisan
des Bourbons, mais aussi, peut-être, un buste de Louis XVIII
qui épiait ses mouvements tandis qu'il attendait le sous-
secrétaire, debout dans l'antichambre, avec le dessin en
main.

Concernant le sentiment de pesante corvée que lui
inspiraient sa présence à l'ambassade et tout ce qui se
rapportait à la Vénus, c'est son état psychologique qu'il faut

incriminer. Alors que l'acquisition de la statue était, quelques jours auparavant encore, le prétexte qui lui permettrait de fuir en compagnie de Catherine Brest, elle était devenue à présent, contre son gré, le but de son voyage. Au lieu de présenter sa démission de la Marine de guerre, comme il le projetait, et de rentrer en France, avec sa chère et tendre, où l'attendait la *Vita nova*, bien avant qu'il ne fût *nel mezzo del camin*, il était forcé maintenant de décrire une sculpture qui était restée à Milo avec ses rêves.

En vain s'efforçait-il d'expliquer le renoncement de son amie. Il tentait de comprendre ce qui lui était arrivé à elle. Et ce qui était en train de lui arriver à lui. Si, finalement, après deux ou trois jours de délibérations intimes, il se présenta à l'ambassade pour y déposer sa requête, il prit cette décision parce qu'il avait conclu que la seule manière de sortir de l'impasse, c'était de revenir sur le lieu du crime. C'était de cette seule et unique manière qu'il pourrait comprendre à la fin si la femme aimée avait été victime d'un chantage conjugal, ou si elle avait décidé d'elle-même de sacrifier leur amour à Dieu sait quel autel, l'un de ces autels dont chacun d'entre nous, dans les replis de son âme, s'efforce de supporter le poids. Il va sans dire qu'il tomba de haut quand il eut à affronter le ton acerbe du sous-secrétaire. L'autre usa de tous les moyens pour montrer à son visiteur que les choses étaient bien plus compliquées qu'il ne

l'imaginait et que, s'il avait l'impression qu'elles étaient simples, c'était du fait que, petit aspirant de la Marine de guerre, il
ignorait certains paramètres essentiels de la diplomatie dont
lui, en tant que sous-secrétaire, se jouait avec une belle dexté-
rité. Quant au capitaine de *L'Estafette*, le sieur Robert, un
homme très accommodant qui avait milité en faveur de
l'acquisition de la Vénus, il ne montra aucune disposition à
mettre son autorité en péril pour des fouilles archéologiques
dont il avait du mal à estimer la valeur. La seule et unique fois
qu'il se rendit à l'ambassade, ce fut pour faire acte de présence
et recevoir des instructions concernant la suite de son périple
en Méditerranée orientale. Remarquons que la présence du
navire dans l'archipel s'explique par le soutien accordé sous
pavillon français aux ports du Levant dont l'Angleterre, avec
sa flotte, revendiquait le monopole, après 1815.

Une semaine plus tard environ, quand la gabarre *La Chevrette* jeta l'ancre dans la Corne d'or, à une distance minime
de *L'Estafette*, son capitaine, le sieur Gautier, informa son
confrère, le sieur Robert, qu'ils avaient beau avoir appareillé
du golfe de Milo avec quelques heures de différence, s'ils
avaient tant tardé, c'était que, sur leur route, ils avaient rencontré des vents forts de nord-est, un phénomène particulièrement rare à cette époque en mer Égée, d'après ce que son
pilote grec était en mesure de savoir de source certaine. Bien
que sa gabarre fût plus lente que la goélette, elle n'aurait pas

accusé un tel retard si elle n'avait été forcée d'attendre deux longues heures à Syros que le vent faiblît. Mais, après Syros, la mer fut exceptionnellement difficile, au point qu'il fut contraint de louvoyer à plusieurs reprises et de perdre du temps. Quelques heures plus tard, Dumont d'Urville, même s'il chercha Voutier, ne réussit pas à le voir. Comme le lui fit savoir le matelot de quart, l'aspirant avait été absent du navire presque toute la journée et les deux derniers jours, il n'était reparu que tard le soir pour dormir.

En revanche, il le rencontra le jour suivant, ou deux jours plus tard, dans la matinée, quelque part sur les rives de la Corne d'or. Il était en train de passer devant lui sans le reconnaître. Quand d'Urville lui posa la question clé : « Où en est notre affaire ? », l'autre lui fit une réponse vague : « J'attends d'être informé par l'ambassade. » On eût dit qu'il parlait d'un sujet qui lui était sorti de la tête, en même temps que toutes ces années qu'il avait vécues dans l'intervalle. Quand d'Urville insista : « Qui doit vous informer ? », Voutier, prenant un air agacé, mentionna un quelconque secrétaire de troisième ordre dont le nom ne lui revenait pas pour l'instant. « Par hasard, conclut d'Urville, il se fait que demain matin, je dois porter la lettre d'un ami commun au comte de Marcellus. Je puis lui exposer la situation et, si vous me le permettez, je puis lui faire voir également l'esquisse de la statue. Si nous voulons que la France acquière l'œuvre, et c'est de notre devoir, alors nous devons faire diligence. Qui sait ce qui se passe en ce moment-même à Milo ?»

Le mélodrame qui avait atteint sa pleine maturité dans l'âme de Voutier le poussait également à s'interroger sur ce qui était en train de se passer en ce moment même à Milo. Mais, soit parce que toute personne qui lui rappelait sa bien-aimée ranimait la flamme de ses sentiments − et d'Urville, sans qu'il pût s'en apercevoir, avait cette fonction −, soit parce qu'il voulait se décharger pour toujours de cette corvée, il s'empressa de lui céder, ne fût-ce qu'à titre provisoire, les droits de son esquisse.

Je n'ai pas besoin de préciser ici que le navigateur prometteur, qui avait l'art, en tant qu'homme, de s'assigner des objectifs concrets dans la vie et qui, en tant que lecteur d'Auguste Comte, était un familier des méthodes inductives de la pensée positiviste, se garda de soumettre d'entrée de jeu l'affaire au comte de Marcellus. Il préféra gagner sa confiance lentement mais sûrement, à la manière dont les naturalistes s'entendent à cueillir les échantillons destinés à leurs laboratoires. Il ne cessa de l'impressionner par ses connaissances dans les domaines de l'astrologie, de la botanique et de l'entomologie, mais également dans le maniement des huit langues, dans lesquelles il traduisit, avec une parfaite aisance, le nom de la Corne d'or. Ses expéditions et ses campagnes de fouilles, il les agrémenta d'une suite de commentaires archéologiques et, quand vint le moment de lui parler de la Vénus, le jeune comte n'était pas seulement prêt à succomber à ses charmes. Il s'attendait à ce que la déesse lui rendît visite dans son sommeil, puisque aussi bien, comme il l'avoue lui-même, il avait rêvé d'elle avant même de l'avoir vue de ses propres yeux. Mais quand ils en vinrent à l'esquisse, à ce moment-là, les sentiments du diplomate perdirent leur immunité : il fut sans voix.

« S'il s'avère réellement qu'elle existe, alors nous devons l'acquérir de toute façon », conclut-il après quelques secondes de silence extasié.

« Je vous assure que la réalité est plus impressionnante que ne le laisse entrevoir ce dessin improvisé, fait à la va-vite et dans des conditions défavorables. Espérons que le moine grec n'a pas réussi à la voler », ajouta d'Urville qui n'avait aucune raison de mentionner l'auteur de l'esquisse, comme il n'avait aucune raison de révéler à son interlocuteur qu'il ne pouvait lui-même se faire une idée que de la moitié de la Vénus. Pour le reste, les deux hommes s'accordèrent sur un point : il s'agissait sans nul doute de la déesse de l'amour. Au demeurant, cela se démontrait facilement d'après le témoignage irrécusable de son identité, la main gauche de la déesse avec la pomme qui, absente sur le dessin, était bel et bien présente sur le champ où se trouvait l'œuvre. Le sieur d'Urville était formel à cet égard. Il utilisa vraiment cette expression : « Je suis formel », qui n'impliquait nullement qu'il l'avait vue de ses propres yeux. C'était une nuance que Monsieur le comte n'avait pas l'intention de relever. Dans tous les cas, c'était leur devoir qui prévalait. Et leur devoir, c'était de faire tout ce qui était humainement possible pour que la France fît l'acquisition de l'œuvre.

En bon secrétaire qu'il était, Marcellus conclut la rencontre en prévenant son interlocuteur qu'il fallait trouver le moment adéquat pour présenter l'ensemble de l'affaire à son ambassadeur, car les relations qu'entretenait le royaume de France avec la Sublime Porte ne laissaient à aucun membre de la représentation diplomatique − a fortiori à son chef, le marquis − la moindre latitude pour des états d'âme d'esthète. Mais il avait la certitude qu'il y parviendrait.

Une semaine entière se passa avant que n'aient lieu les présentations officielles du chef-d'œuvre à l'ambassadeur et, comme on le vit bien, le comte ne fut point forcé d'argumenter outre mesure pour le convaincre. Après lui avoir recommandé, en l'absence de l'intéressé, le sieur Dumont d'Urville, illustre naturaliste et chercheur d'antiquités, il lui montra le dessin de la Vénus, improvisé, mais assez fidèle, aux dires du témoin oculaire. Puis il en vint à parler de l'intérêt déjà manifesté pour l'achat de la statue par un moine grec qui offrait mille piastres aux habitants de Milo. Naturellement, l'ambassadeur, qui était un marquis, ne pouvait en aucune manière souffrir d'être le rival d'un moine grec, son titre de noblesse ne le lui permettait pas, pas plus que ses devoirs vis-à-vis de son roi. Autant dire qu'il contourna l'offre des mille piastres pour passer directement à l'essentiel de la question : « Comment pouvons-nous être sûrs qu'il s'agit d'une statue de la déesse Vénus ? », demanda-t-il à son secrétaire.

« La preuve nous en est fournie par la main gauche de la déesse qui tient la pomme de discorde. »

C'est alors que Marcellus fit de l'excès de zèle. Il expliqua à son ambassadeur ce qu'était cette pomme de discorde, mais il fut interrompu par le regard plutôt désapprobateur de son supérieur, lequel lui fit observer qu'il n'était pas indispensable de gaspiller leur temps à répéter des choses que tout le monde savait.

« Pourquoi ne l'a-t-il point dessinée ? »

« Monsieur d'Urville, le chercheur d'antiquités, m'assure qu'il l'a vue. »

« Le rendu de la main fait toujours difficulté aux peintres amateurs », sourit l'ambassadeur.

« Outre les mains, j'ai appris que l'on cherche à retrouver aussi les autres membres du groupe. Car, s'il s'agit vraiment de la Venus Victrix, comme tout l'indique, alors je tiens pour assuré que, dans le champ où elle fut découverte, doivent se trouver aussi les autres membres du groupe, Athéna, Héra et

Pâris. Dans tous les cas, la région présente un énorme intérêt archéologique. Elle est voisine du théâtre antique acheté, comme nous le savons, par le baron Haller pour le compte de Louis Ier de Bavière. »

La conversation dut s'interrompre à ce moment-là. Le marquis de Rivière assura son interlocuteur que, si l'affaire était telle qu'il la lui avait présentée, il s'agissait d'une découverte archéologique des plus intéressantes. Mais il lui rappela, tout en plaçant le dessin de Voutier dans son tiroir, qu'il fallait une fois pour toutes qu'une solution fût apportée à la question des taxes d'exportation que le pacha de Corinthe avait imposées au raisin de Corinthe. La veille il avait appris que la taxation ne concernait que le royaume de France – les Anglais ne payaient rien. Il attendait de son secrétaire, dans les plus brefs délais, un exposé circonstancié, avec des chiffres et des éléments précis qui démontreraient à la Sublime Porte que la France était un meilleur client du pacha que l'Angleterre, en conséquence de quoi il n'y avait aucune raison de la taxer d'une manière aussi scandaleuse.

Si nous comptons la semaine qu'il fallut pour que *La Chevrette* venant de Milo atteignît Constantinople, la semaine intermédiaire, avec les promenades et les herborisations en compagnie de Marcellus, la semaine qui fut nécessaire à ce dernier pour trouver le moment adéquat pour parler à l'ambassadeur et les trois jours supplémentaires exigés de lui pour rassembler les éléments et rédiger l'exposé sur les taxes d'exportation du raisin de Corinthe, nous pouvons comprendre l'énervement du sieur d'Urville. Ce dernier avait tourné le dos aux mauves et aux buissons de thym des environs pour faire la navette entre la Corne d'or et l'ambassade, à croire qu'on l'avait enfermé dans une cage, jetant feu et flammes contre tous ces balourds de nobles qui sont incapables de comprendre la rapidité que réclame de ses serviteurs la connaissance scientifique. Il est clair que le futur navigateur, à ce stade de l'histoire, s'était identifié corps et âme à la découverte de la Vénus et se voyait déjà en train d'impressionner son public par la mise en évidence de détails et le développement de réflexions fondées en exclusivité sur la finesse de son don d'observation. Impressionné à son tour par l'érudition et la curiosité du comte de Marcellus, il entrevoyait dans sa réaction l'enthousiasme à venir de l'ensemble du monde scientifique en France, une grande fête du savoir à laquelle, c'était logique, il ne pourrait pas ne pas être en personne, puisque l'avenir de la Vénus, au train où allaient les choses, dépendait désormais de ses initiatives à lui.

Durant tout ce laps de temps, d'Urville évita bien soigneusement de rencontrer le sieur Voutier, lequel, atteint d'une infirmité sentimentale et de plus en plus plongé dans les eaux troubles du désespoir amoureux, avait fini par oublier le dessin de la Vénus. Dans les bras de quelque prêtresse contemporaine de la déesse antique, d'origine circassienne ou équivalente, il passait des heures à lutter pour effacer le portrait de Catherine Brest qui s'était imprimé dans son âme. L'affaire connut une accélération sensible quand le comte de Marcellus présenta à son ambassadeur l'exposé, circonstancié dans la mesure du possible, sur les importations de raisin de Corinthe en France, quantités calculées en ocques et valeurs en piastres avec l'équivalent en francs. Avant qu'il fût parvenu à la fin, le marquis l'interrompit :

« Quelle somme, avez-vous dit, offre-t-on pour la Vénus ? » – il ne pouvait se rappeler qui l'offrait, un moine ou quelque chose d'autre.

« Mille piastres. »

« Pour le compte de qui ? »

« Un inconnu. On parle d'un prince ottoman. »

« Ça complique l'affaire. Et comment savez-vous qu'il ne représente pas des intérêts anglais ? »

« Si c'étaient des Anglais, ils n'auraient pas de raison de demander la médiation du moine grec. Il y a tant de navires anglais qui circulent dans l'archipel. »

« Je considérerais comme une défaite personnelle que la statue échouât au British Museum. Nous offrirons d'abord mille piastres, en y ajoutant trois cents autres. Si vous rencontrez des difficultés, vous pouvez aller jusqu'à deux mille piastres. »

Il fallut un jour encore pour décider que la goélette *L'Estafette* reprendrait son périple en Égée en direction de Milo pour procéder au chargement de la Vénus, une mission qui devait être menée sous le sceau du secret. Il fallut également que le sieur Marcellus donnât sa parole à Dumont d'Urville qu'il n'oublierait jamais, quelle que fût l'issue de cette histoire, que c'était lui qui avait découvert le chef-d'œuvre et que c'était grâce à sa détermination que la France lui avait ouvert les bras pour l'accueillir. Il lui donna également la garantie qu'il l'informerait en détail de l'évolution de toute l'affaire.

Combien de temps fallut-il et quelle énergie mentale fut nécessaire à Olivier Voutier pour concevoir que le moment était venu pour lui d'affronter à nouveau la réalité de son amour ? Il n'est pas très difficile de le calculer. Sans doute n'est-il pas exclu qu'il ait songé à démissionner puisqu'il ne supportait pas le poids d'une nouvelle déception. Mais il supportait encore moins d'être écrasé par l'idée qu'il ne devait plus jamais, sa vie durant, revoir le regard de sa bien-aimée, ne fût-ce qu'une seule nuit. Plût au ciel que ce fût la dernière fois qu'il y songeât !

En définitive, cette histoire n'aurait pas pris la direction que nous connaissons tous sans l'intervention des phénomènes météorologiques, cette intervention que tous ceux qui possèdent une once de sensibilité métaphysique sont fondés à ne pas tenir pour fortuite. Car, le jour où *L'Estafette* quitta la

Corne d'or, si nous calculons le temps qui avait passé depuis lors, le *Galaxidi* aurait dû normalement avoir déjà jeté l'ancre dans ses eaux. Vraiment, c'est à peu près comme cela que les choses se seraient passées, si ne s'étaient déchaînés les forts vents de nord-est qui, durant tout ce laps de temps, maintinrent la Vénus clouée à bord du navire, lui-même immobilisé au fond du golfe de Milo. Des vents dont la vigueur amena les marins à les comparer aux meltems – les fameux vents étésiens décrits par Hérodote dans ses *Histoires*. Selon les météorologues, ils naissent dans les forêts de Crimée. Sur la mer égéenne, au cœur de l'été, la chaleur dilate l'atmosphère qui les absorbe avec leur fraîcheur et les pousse à travers les Dardanelles. Ils se répandent avec la vigueur d'un gaz qui fuirait la soupape de sécurité d'un four.

Leur apparition prématurée cette année-là renforce les soupçons de ceux qui veulent toujours croire que rien dans cette histoire n'arrive par hasard.

8

COMBIEN DE TEMPS s'écoula entre la matinée du 23 mai – quand la goélette *L'Estafette*, avec le vent de nord-est en poupe, entra dans le port de Milo – et le jour où elle appareilla à destination du port de Smyrne ? La date précise du départ m'échappe, mais je ne puis la situer après le 26 ou le 27 mai. À ce stade de l'histoire, le cours des événements enfle sensiblement et les protagonistes, désormais disposés à mesurer tout le poids de leur responsabilité dans le rôle qu'ils ont entrepris de jouer jusqu'au bout, décident de se mettre à la hauteur des circonstances.

La petite île de l'Égée devient la scène d'un drame. Bien sûr, ça ne vaut pas un chapitre entier dans les manuels scolaires, comme Waterloo ou la proclamation de l'Indépendance grecque en 1821 ! Tout de même, il y a là de quoi revendiquer une place de choix dans un théâtre d'ombres dont les représentations se déroulent en marge de toutes ces rectifications de frontières qui ont modelé les espaces infinis de la géographie humaine, en traçant un parcours auquel se

sont conformés, avec une égale obstination, les grandes
armées en marche au fil de l'Histoire. Et tout vient du besoin
qu'éprouve la vie d'être en représentation. Une vie, sans cela,
se fondrait dans le mélange insipide d'un temps inexistant du
simple fait qu'il serait passé. Que serait notre antiquité sans
Homère et sans Praxitèle ? Que seraient les antiquités chi-
noise ou indienne sans les ensembles gigantesques qu'elles
taillèrent dans la pierre ? Rien de plus que le vague souvenir
d'une blessure de boue et de sang, ouverte dans une couche
souterraine de l'inconscient et que la conscience de chacun
d'entre nous, incapable de l'affronter, va refouler comme la
peur suscitée par les phénomènes naturels – les tremblements
de terre et les grands incendies. Sans le sentiment de l'antiquité, de n'importe quelle antiquité, l'histoire se métamor-
phoserait en addition de présents insignifiants, aussi insignifiants qu'un enseignement réduit à des cours préparatoires.
Ce n'est pas un hasard si les premiers historiens, Hérodote ou
Thucydide, tandis qu'ils écrivent pour analyser leur propre
présent et non pour raconter le passé, fondent, avant de se
consacrer à leur œuvre, une antiquité qui en formera le sou-
bassement.

Et ce n'est pas un hasard non plus si le XXIe siècle, en
érigeant l'orgueil, le narcissisme et la suffisance du temps
présent en valeurs morales suprêmes, risque de livrer ses
citoyens, sans armes, aux phobies les plus primitives. Les

œuvres du passé, celles qui ont échappé au néant temporel pour prendre place au musée, fonctionnent comme les soupapes de sécurité du temps présent. Elles nous rappellent qu'une vie ne peut être suffisamment humaine si elle ne trouve pas son expression, si elle ne parvient pas à se tailler une destinée dans le cycle du temps, à créer une forme qui fera bien voir qu'elle n'est pas soumise à la destruction et à la mort. Ainsi, pour nous qui ne croyons ni à Zeus ni à Thétis, Achille devient un héros, il nous fait un clin d'œil du fond des siècles, en incarnant aujourd'hui encore l'immortalité. L'Histoire, non comme addition, mais comme expression de l'immensité humaine, n'est rien d'autre que le récit de ce geste obstinément répété — raison pour laquelle l'Histoire, même quand elle rétrécit, même quand elle se perd dans les détails, si elle veut, toute à sa passion de l'analyse, demeurer une histoire et non une comptabilité des faits humains, ne doit pas ignorer ses origines épiques.

Le transport de la Vénus de Milo du champ de Yorgos Kendrôtas vers la salle qui lui était réservée au Louvre n'a pas eu, c'est évident, la même incidence sur le XIXe siècle que Napoléon, Bismarck, la guerre de Crimée ou la première Internationale socialiste de Karl Marx. Mais, de ce siècle, il reflète la vision du monde, le style qui, tendant un miroir à notre présent, trace des circuits invisibles dans les vaisseaux capillaires du temps, comme Jean Valjean, le forçat de Victor

Hugo, creuse ses pensées dans les ténèbres. Quant à la Vénus, si l'histoire de son enlèvement revêt pour vous et pour moi une signification qui va au-delà de l'anecdote dont relèvent les comportements des protagonistes, leurs ambitions, leurs amours, leurs rivalités et leurs faiblesses, elle le doit au fait qu'elle est sortie comme de sa propre initiative du néant des siècles. A croire qu'elle avait conservé quelque chose de la pulsion divine que l'esprit de son créateur avait inscrite dans le marbre de Paros. À croire que si elle avait émergé, c'était pour rayonner de toute sa nudité au beau milieu de l'humanité. Pour traduire, dans la langue du XIXe siècle, les angoisses et les fatigues de ce sculpteur qui, dans le lointain premier siècle de notre ère, luttait avec son ciseau pour faire apparaître dans les veines du marbre de Paros les plis de son voile, le fléchissement de sa taille, les douces rondeurs de ses seins et ce sourire de repentance tardive qui se peint sur ses lèvres.

Il lui manquait les bras, elle était brisée en deux, les couleurs qui jadis la faisaient paraître vivante – conformément aux goûts de cette lointaine époque où elle vivait sa première vie – s'étaient depuis longtemps effacées. Et, le plus important, elle n'était plus soutenue par cette croyance humaine en l'existence d'une déesse nommée Vénus, née de l'écume des flots, des gouttes de sperme de Cronos émasculé qui tombèrent dans la mer, au large de Chypre, et chargée de gérer les affaires de cœur des mortels. Une croyance qui aurait pu être une compensation à ses mains coupées et à toute autre mutilation qui l'avait affectée au fil du temps. Mais le vide laissé derrière elle par cette croyance quand le temps l'eut emportée avait été finalement comblé par la marée montante d'une autre croyance. Le public qui l'accueillait croyait en son antiquité, croyait que le geste qui l'avait fait naître n'avait jamais cessé de se répéter et de marquer de sa présence toutes les œuvres qui préparaient sa résurrection. S'il n'y avait eu entretemps Raphaël, Botticelli, Le Titien et tant d'autres, notre Vénus, même si elle avait réussi à refaire surface dans le champ de Yorgos Kendrôtas, aurait peut-être servi de matériau de construction et en tout cas ne serait pas arrivée au Louvre – quel Louvre, me direz-vous, puisque, si tout s'était vraiment passé ainsi, il n'y aurait pas eu de Louvre ! Si le comte de Marcellus et Olivier Voutier n'avaient pas porté dans leur imaginaire l'empreinte de toutes ces œuvres, tout ce capital de sensibilité accumulée à investir dans la création humaine, alors, ce matin du 23 mai, au moment où *L'Estafette* pénétra dans le port de Milo, ils n'auraient pas eu la même pensée.

Car, dans les lettres qu'ils s'échangèrent quarante ans plus tard, c'était cela qu'ils affirmaient. Que, dès l'instant où ils arrivèrent au port, voyant une mahonne transporter sur le bric *Galaxidi* un objet énorme, recouvert de toile, ils songèrent tous les deux en même temps : «J'espère que ce n'est pas la Vénus !»

Peu importe si, en un très court laps de temps, leurs craintes se révélèrent fondées, si, dès ce jour-là, 23 mai, un mois environ après le départ de *L'Estafette* pour Constantinople, l'heureuse issue des tractations de Dimitri Oiconomos avec les notabilités permit à l'envoyé de Nicolaki Morusi de transporter le tronc de la déesse à bord de son navire ! Peu importe, autrement dit, si le chargement, c'était justement la Vénus dont rêvait Marcellus, avant même de l'avoir vue, ou si le transport avait déjà été effectué plusieurs jours auparavant, comme je l'ai supposé dans les chapitres précédents, quand le moine défroqué avait conclu à l'impossibilité d'ôter la sainte relique des catacombes sans l'avis favorable des notables de Milo ! Ces notables qui, après la disparition de la partie supérieure de la statue dans le champ de Kendrôtas, épiaient nuit et jour chacun de ses pas.

On va jusqu'à dire qu'il y eut un affrontement entre les Albanais en armes d'Oiconomos et le groupe des jeunes gens auxquels les notables avaient confié la filature et qu'il fit un mort, Démosthène Sophocléous en personne. Mais, comme ce fait n'est attesté par aucune source, mieux vaut le renvoyer d'où il vient : au pays des légendes. En revanche, il est certain que le poète fit tout ce qui était en son pouvoir pour empêcher l'enlèvement du témoignage irréfutable de la liberté et son incarcération dans les geôles ottomanes de Constantinople. Ni l'origine grecque de Morusi, ni les allusions de Dimitri Oiconomos à la bienveillance que montrait le prince à la Société des Amis et à ses activités révolutionnaires, ni les piastres dont il fut gratifié ne parvinrent à le convaincre ou du moins à calmer tant soit peu son tempérament de trublion, prêt à soulever le monde à la moindre occasion.

Mais quand on en vint à le menacer de la prison et du supplice, l'autre, persuadé que les menaces de ses adversaires prouvaient la justesse de sa cause, alla se cacher dans l'une des plages méridionales, près des carrières de kaolin. De là, il adressait des messages à Batis et aux autres notables, soit au nom de la Nation, soit au nom de la Race, soit au nom du Peuple, né de la semence des dieux et des héros. Apparemment pour ne pas être compris, il signait Nicétas quelque chose (un nom byzantin dans tous les cas) et utilisait comme porteur le jeune Andréas Kalokairinos, dont l'admiration pour le révolutionnaire, quand il passa dans l'illégalité, avait atteint son zénith. Il vaut la peine de souligner que Sophocléous avait pris, très tôt, le parti des Français dans toute cette affaire. Selon ses arguments, tant que le sang serait versé au cours de la Révolution grecque, les Français auraient la capacité de protéger la Vénus. Et comme ils étaient civilisés, après la fin des hostilités, ils seraient forcés, au nom de la civilisation des droits de l'Homme, de rapatrier la déesse dans sa terre ressuscitée. Aux primats, il demandait expressément d'exiger des représentants de la Grande Puissance un procès-verbal de réception et de restitution. Le tout pour éviter des malentendus ultérieurs. Finalement, il semble que toute cette excitation n'influença point le cours d'une histoire qui, le jour de l'arrivée de *L'Estafette* à Milo, entrait dans sa phase finale. Kendrôtas avait avoué avoir dissimulé le tronc de la statue dans les catacombes, les notables avaient décidé de permettre à Oiconomos de prendre en charge la Vénus et le comte de Marcellus se voyait contraint d'admettre qu'il ne lui restait vraiment plus rien d'autre à faire qu'à demander au nouveau propriétaire de voir la statue dont il avait tant rêvé.

Ce sont tous ces détails – au fil du temps, ils ont fini par s'étioler, ne laissant qu'une idée de ce qu'ils étaient, une ligne générale – qui privent d'une bonne part de son crédit le témoignage des deux hommes quand ils correspondent quarante ans après les événements. Non seulement leur mémoire a vieilli en même temps que leur corps, mais le contenu même de l'histoire est sujet à des déformations, en fonction de la gloire dont le chef-d'œuvre jouit dans l'Europe entière et de la tentation de faire rejaillir sur son nom un peu de son éclat. S'ils s'accordent pour reconnaître qu'ils ont vu la mahonne se diriger vers le bric *Galaxidi* et se sont fait de concert la même réflexion, ils divergent l'instant d'après sur l'épisode qui suit, beaucoup plus important pour la marche de l'histoire. Voutier dément Marcellus quand ce dernier prétend s'être approché du *Galaxidi* avec sa barque pour rendre hommage à la Diva. Il aurait vu, dit-il, le moine galoper sur le rivage en criant au capitaine de l'empêcher de monter à bord. En conséquence de quoi il aurait reçu lui-même une grêle de plombs, ce qui détermina la position qu'il prit par la suite. Voutier ne se rappelle ni les tirs ni les escarmouches. De son côté, Marcellus tient bon : on les coucha en joue. Il laisse entendre que c'était pour lui désormais une question d'honneur d'arracher la Vénus des mains de son nouvel acquéreur, lequel n'avait point respecté le drapeau avec le lis des Bourbons flottant au-dessus de sa tête. En résumé il suggère que ce qui a décidé du sort de la statue, ce ne fut ni l'argent, ni la persuasion, mais la puissance de feu de *L'Estafette* dont les canons pouvaient à tout moment être dirigés contre le navire d'Oiconomos.

Rien n'est exclu, cela va de soi.

Il n'est pas exclu non plus que Marcellus ait menacé Oiconomos de la puissance de feu de la goélette de la Marine de guerre française. À la goélette, le bric d'Oiconomos n'aurait eu à opposer que quelques tirs pour l'honneur, sans que cela voulût dire qu'il n'y avait pas eu des négociations préalables, des rencontres et des délibérations, quel que fût le lieu où se retrouvèrent, pour la dernière fois dans cette histoire, Yorgos

Kendrôtas, les primats de Milo et, pour faire de la figuration,
l'agha local et le consul Brest. Il semble avéré que ce dernier
s'abaissa lui-même à jouer ce rôle de comparse car, lorsque le
comte de Marcellus, son supérieur hiérarchique, l'accusa
de négligence pour ne pas avoir empêché, en tant que représentant du royaume, l'enlèvement de la statue par le moine
et ses hommes de main, il s'efforça de se justifier en
lui demandant s'il croyait que l'objet valait vraiment une
telle dépense, car, pour sa part, il n'en donnerait pas autant.
Il fit ce qu'il y avait de pire aux yeux d'un écrivain potentiel : il
sous-estima son rêve.

En ce qui concerne l'agha, il reçut le comte au milieu de ses
chats, souffrit avec patience toutes les marques de la civilité
diplomatique, écouta avec attention le tableau qu'il lui fit de
ses profondes relations d'amitié avec le grand drogman de la
flotte ottomane, Nicolaki Morusi, et se soucia d'enquêter sur
les activités du moine grec. De fait, comme le lui assurait le
secrétaire de l'ambassade de France, Oiconomos ne mention-
nait en aucune manière une mission archéologique dans
l'Archipel. Toujours selon l'avis du diplomate, il agissait pour
son propre compte et spéculait sur le nom du grand drogman.
L'agha lui promit d'examiner sérieusement tous les éléments
qu'il avait la bonté de lui communiquer : dans les jours qui
suivaient, il lui promettait de le mettre au courant des résultats de ses investigations. Il était désireux de l'éconduire dans

les plus brefs délais, afin de retourner à sa mélancolique pénombre, sans bouger le petit doigt.

Sorti de la demeure de l'agha en pestant contre toute cette puanteur que les chats lui avaient infligée, Marcellus ne se faisait pas d'illusions sur le genre de soutien que pourrait lui offrir le dignitaire ottoman. Mais il se servit de leur rencontre pour convaincre les primats de la réalité de ses liens avec Morusi et de son droit d'affirmer que Dimitri Oiconomos n'en avait aucun avec le prince. D'après ce qu'il dit une fois de plus dans ses *Souvenirs*, il leur présenta ses firmans de route et une lettre du patriarche de Constantinople, Grégoire V en personne. Ils avaient beau ne point se rapporter spécifiquement à l'affaire, ils indiquaient que le porteur était un personnage qui jouissait de l'estime et de la confiance du signataire. Ils eurent également un rôle à jouer, autant que l'assurance donnée par Marcellus que, si, dans l'avenir, quelqu'un accusait les chefs de l'île d'avoir livré la Vénus au diplomate français, il serait le premier à les défendre.

À ce stade, il convient, je crois, de rappeler que le comte de Marcellus, tandis que se déroulaient ces tractations, n'avait pas encore vu la Vénus. Il s'était contenté d'en rêver, comme en avait rêvé son créateur, bien des siècles avant, quand il s'était retrouvé seul dans son atelier, face au morceau de marbre dont allait émerger la déesse.

Les piastres eurent également leur importance.

Dès que Marcellus ajouta les trois cents piastres aux mille déjà proposées par Oiconomos, Euthyme Batis lui-même aurait dit, selon certains : « C'en est fini des mensonges ! » et aurait aussitôt convoqué Kendrôtas pour mettre un terme à l'absurdité de toute cette histoire. Une fois de plus, selon toute vraisemblance, eut lieu la scène avec Yorgos écoutant debout le chef du village et jouant avec le bonnet qu'il tenait en main, les yeux fixés sur le plancher. Sauf que, cette fois-là, à l'éclair d'ironie qui passait dans ses yeux s'était substitué une sorte de voile – était-ce de détachement ou bien de lassitude ? – comme s'il ne disposait pas d'autre ressource pour marteler son credo : oui, la somme provenant de la vente de la Vénus était à lui, rien qu'à lui ! Au demeurant, il avait épuisé sa propre puissance de feu. Le tronc de la Vénus qu'il avait dissimulé dans les catacombes se trouvait maintenant sur le *Galaxidi* et lui-même n'avait pas d'autre moyen pour forcer les négociations. C'est ce que lui rappela le chef du village en concluant sa brève allocution : la statue avait cessé de lui appartenir et la municipalité avait décidé de lui céder une partie de la somme qu'elle toucherait de la vente, fermant les yeux sur la conduite qu'il avait adoptée jusqu'alors. Et si elle agissait de la sorte, c'était parce que la municipalité n'avait jamais négligé dans le passé, comme elle ne négligerait jamais dans l'avenir, ce sens de la justice que le Dieu des chrétiens avait fait germer dans le cœur des

hommes. Pouvait-on laisser Yorgos en dehors du partage ?
Au train où allaient les choses, ils pourraient tout aussi bien
ne pas lui donner un sou vaillant... C'est la dernière apparition de Yorgos dans cette histoire.
On dit en effet que l'homme qui avait découvert la Vénus
dans son champ n'eut pas envie de la revoir quand on la
transféra de la cale du *Galaxidi* sur le pont de *L'Estafette*
et qu'il n'en parla plus jamais. Quant aux deux ou trois cents
piastres qui lui revinrent de la vente, il n'hésita pas à les
donner à son apprenti, Andréas Kalokairinos. Ce fut la
somme qui lui permit d'émigrer en Crète après la mort de son
patron, de prendre femme, de faire fortune et de mettre au
monde Minos Kalokairinos, l'homme qui, quelques décennies
plus tard, devait découvrir Cnossos. Découverte qui mena les
historiens à l'ajout d'un nouveau chapitre de l'histoire, celui
qui porte le titre de civilisation minoenne.

La brusque sortie de scène du premier acquéreur, comme
le silence qui lui succéda, sont peut-être dus à la crainte qu'il
éprouvait. Il se peut que les conseils et les exhortations du
père Théodose mirent du baume au cœur de Yorgos, choqué
par les épisodes précédents, mais aussi par l'éclatement des
coups de feu. On l'a peut-être convaincu que l'apparition
de la Vénus était une sorte de complot ourdi par des super-
puissances démoniaques, quelque part dans l'au-delà, pour
troubler les eaux de son âme chrétienne, pour y soulever une

telle tempête qu'il ne parviendrait plus, de par le désordre ainsi créé, à faire une distinction entre hier et aujourd'hui.

Quand la Vénus quitta Milo, chargée dans la cale de *L'Estafette*, la liturgie célébrée dans les catacombes pour permettre à l'encens chrétien de débarrasser le lieu saint du patchouli hérétique dut également jouer son rôle dans la conduite de Yorgos Kendrôtas.

Nul ne s'étonnera plus, je crois, de l'absence d'Olivier Voutier dans les événements qui eurent lieu durant ces jours-là, le passage de la Vénus du *Galaxidi* à *L'Estafette*. Absence totalement justifiée puisqu'elle marque la fin de ses relations dramatiques avec Catherine Brest. Le point culminant avait déjà été atteint avec leur rencontre dans la maison abandonnée, la veille du premier départ du jeune aspirant de Milo. Il semble que la dernière scène du drame fut décevante, comme si le régisseur, confus, ne savait comment la boucler.

En fait, ils se rencontrèrent, non pas tout de suite, comme l'espérait Voutier, mais le deuxième ou le troisième jour, la veille de son nouveau départ, car la grossesse particulièrement difficile de son amie la maintenait clouée au lit sous la surveillance continuelle de son époux, lequel, hors de ses gonds, n'entendait plus se mêler des tractations pour l'achat de la Vénus et ne sortit qu'une ou deux fois de la demeure consulaire. Jusqu'à ce qu'il réussît à se trouver dans la chambre de Catherine Brest, seul avec elle, ne fût-ce qu'un court instant,

Voutier avait été informé de sa grossesse grâce aux billets qu'ils échangeaient par l'intermédiaire de Maritsa. Ils avaient beau laisser filtrer dans leurs missives leur ardent désir d'être l'un à côté de l'autre, leurs écrits étaient désormais amputés de ces épanchements fiévreux, de ces promesses et de ces aveux qui pimentaient leurs échanges. Comment comprendre ? Peut-être attendait-elle de lui l'assurance que malgré sa grossesse, la voie de la libération lui était encore ouverte. Peut-être espérait-elle entendre de sa bouche qu'il prendrait patience jusqu'à ce que sa situation lui permît de le suivre, qu'il la comprenait, lui pardonnait ses hésitations et le fait qu'elle avait dissimulé sa grossesse, car elle ne voulait pas le décevoir. Ils échangeraient des promesses : à l'avenir, il ne devrait plus jamais y avoir de secrets entre eux. Oui, ils se diraient des tas de choses qui prolongeraient l'intensité dramatique de leurs amours. De même qu'il s'attendait pour sa part à ce qu'elle le priât de l'emmener avec elle, bien qu'elle ne pût dans l'immédiat partir en voyage, elle n'avait cure des suites de sa grossesse, puisqu'elle n'avait qu'un centre d'intérêt : la vie à ses côtés. Il semble qu'aucun des deux n'eut la force, ni la volonté, de prononcer aucune de ces paroles que l'un espérait entendre de l'autre et les rares mots qu'ils réussirent à échanger sonnèrent un peu comme l'oraison funèbre de leur amour violent et pourtant périssable. Ce fut elle, surtout, qui trembla quand elle le vit, car il avait la joue droite gonflée, à cause d'un mal de dents qui le tourmentait depuis des jours. Il s'était perdu dans le maquis des conseils et des prescriptions pour des remèdes de bonne femme censés guérir l'abcès. Le jeune aspirant s'était borné à la calmer en lui donnant l'assurance que, même si la douleur était insupportable et qu'il était resté trois jours sans fermer l'œil, il franchirait l'obstacle – une dent, quelle importance ! Il voulait connaître dans tous les détails sa situation à elle et la priait avec obstination de s'occuper d'elle-même et de faire attention. Et ce fut à peu près comme cela qu'ils se perdirent l'un l'autre.

Quelque cinq mois plus tard, le 10 octobre 1820, quand la Vénus passa pour la dernière fois par Milo en tant que passagère de la gabare *La Lionne*, accompagnée de l'ambassadeur, le marquis de Rivière qui l'escortait jusqu'en France, Catherine Brest avait déjà mis au monde son premier fils. Elle ne savait pas qu'elle ne le verrait jamais atteindre sa maturité. Trois ans plus tard, en effet, en 1823, elle rendrait le dernier soupir durant son deuxième accouchement. De ce qu'elle tomba héroïquement en combattant au champ de l'honneur maternel résulte l'inscription, en grec ancien, que son époux fit graver sur sa tombe – mère aimante. On ajoute que la deuxième grossesse survint malgré les avis négatifs d'un médecin présent par hasard à Milo durant ces années-là et chargé de la suivre. Certains vont jusqu'à prétendre que Catherine Brest avait une affaire de cœur avec lui. Du coup le bruit se répandit que l'enfant était le sien. Il n'est pas exclu qu'il s'agisse de Démosthène Sophocléous, lequel, abandonné sur l'île, joua sa partie dans le soulèvement de 1821, même si d'aucuns croient qu'il était déjà mort à l'époque. Quant au sieur Brest, il mourut en 1862, d'un œdème pulmonaire à l'âge de soixante-treize ans. Il ne perdit jamais son titre de consul à Milo, rattachée désormais au nouvel État grec, et n'éprouva jamais la moindre frustration. Jusqu'à la fin de sa vie, il continua à fouiller dans la région à la recherche de la main gauche de la Vénus : il voulait être l'homme qui aurait mis au jour la preuve irrécusable de l'identité du chef-d'œuvre désormais consacré ; il se berçait de l'espoir que la chance lui serait offerte d'exhumer une autre partie du groupe statuaire, Pâris, Héra ou Athéna. À l'époque, l'argent que Batis gardait enfermé dans son coffre, avec les piastres provenant de la vente de la Vénus, avait trouvé sa destination. On l'avait utilisé, pendant la durée de la Révolution, pour armer de dix canons la corvette *La Tunique d'Hercule* qui se distingua dans le soulèvement de l'Égée.

Rien de tout cela, bien sûr, n'explique le fait que la Vénus fut transportée du *Galaxidi* à *L'Estafette*, sans que nul ne fît obstacle aux marins qui l'acheminaient, mais avec l'aide du capitaine albanais, comme le signale Marcellus dans ses *Souvenirs*. Oiconomos avait lui aussi disparu de la dernière scène du drame, laissant une fois de plus le champ libre aux conjectures, tantôt divergentes, tantôt convergentes. Isolé, ayant réussi à se mettre tout le monde à dos, confronté aux canons de la Marine de guerre française, il se vit forcé d'admettre qu'il ne disposait plus de marge de manœuvre et de renoncer à revendiquer la découverte. Un moment il s'efforça d'obtenir l'assistance de l'Autorité ottomane, mais il semble que l'agha ne daigna même plus le recevoir. Le fidèle d'Allah, dont la santé mentale était fragile, avait été si durablement troublé par la présence de l'idole de femme nue dans son territoire qu'il ne voulait plus entendre parler d'elle, ni de ses prétendants. Il craignait que le peu qu'il ferait n'occasionnât un sacrilège de première grandeur et qu'il ne pût sauver son âme épuisée, quand bien même il prendrait soin de tous les chats du monde.

Quant à l'empressement montré par le capitaine du *Galaxidi* à transporter en toute sécurité et sans dégâts collatéraux la Vénus d'un navire à l'autre, on est en droit de l'attribuer aux piastres versées par le comte de Marcellus pour s'assurer la neutralité du moine grec. On ne sut jamais si le montant de la somme correspondait précisément à la différence entre les mille trois cents piastres qu'avaient reçues les primats et Yorgos et les deux mille que l'ambassadeur de Rivière avait fixées comme limite à son secrétaire.

Quoi qu'il en fût, Oiconomos s'en voulut d'avoir été le premier à informer son employeur de la découverte de la

statue, « qui, d'un goût résolument classique, portait manifestement, sans être pour autant signée, les traces du génie de
quelque Praxitèle ou de quelque Scopas ». Arrivé à Constantinople les mains libres, il ne put retarder la brutale détériora-
tion de ses rapports avec Morusi, pris d'une colère irrésistible,
et finalement son expulsion définitive de la demeure princière
de Thérapia. S'il évita l'empalement, ce ne fut point parce que
l'autre l'avait en pitié, mais parce qu'il était le seul, comme
Morusi le lui avait dit avant de l'envoyer en mission, parmi
tous ceux qu'il avait croisés dans sa vie, à partager son intérêt
sensible pour l'art des icônes. Morusi ne voulut entendre
parler ni des vents contraires, ni des bordées de *L'Estafette*, ni
des deux mille piastres offertes soi-disant par les Français (car
c'était la somme proposée, selon Oiconomos). La seule chose
qui l'intéressait, c'était que lui, un dignitaire ottoman, avait
perdu, dans un territoire ottoman, une pièce d'une beauté
dont il avait mille fois rêvé, bien qu'il n'eût pu la voir, dès
l'instant où il avait été informé de son existence.

Malgré tout, le moine déchu ne quitta point Thérapia les
mains vides : une semaine après son départ, son patron constata que sa collection avait été amputée d'une petite tête
d'éphèbe, d'époque hellénistique en toute vraisemblance,
avec des traces de peinture jaune sur sa coiffure, du pied droit
d'un couros et d'un portrait en pied de saint Jean-Baptiste,
attribué à un peintre d'icônes russe du xve siècle. Il avait cette

originalité de représenter le saint décapité, debout sur les rives du Jourdain, tenant dans sa main droite le plateau où était placée la tête offerte par Hérode à Salomé après la danse des sept voiles. La dernière fois que le très curieux Oiconomos fit son apparition, ce fut à la bataille de Jassy où les Ottomans décimèrent le Bataillon Sacré mis sur pied par le prince Ypsilanti pour marquer – par un désastre donc – le déclenchement de la guerre d'Indépendance grecque. Sur le champ de bataille, Dimitri Oiconomos n'eut pas une fin particulièrement héroïque : pris en flagrant délit alors qu'il tentait de débarrasser le cadavre d'un compagnon d'armes d'une croix en or qui pendait à sa poitrine, il reçut une décharge dans le dos.

Suivons les manœuvres d'appareillage de *L'Estafette*. Le capitaine Robert est debout à la barre, il donne des ordres. Et c'est un va-et-vient précipité de matelots qui grimpent dans les haubans, tandis que, sur la rive, un petit groupe de notables et d'habitants de l'île est rassemblé. Tantôt l'on fait silence et tantôt l'on commente les premiers mouvements de la goélette. Dans l'atmosphère de ce matin de printemps, ils se distinguent tous avec une absolue clarté, le bâtiment avec les voiles, le capitaine et l'équipage, les primats et les gens du cru. Le vent du nord-est a faibli : ce n'est plus qu'une brise légère, mais suffisamment vigoureuse pour faire claquer la voilure et pousser la goélette entre les bras du golfe de Milo, ces deux pinces de crustacé qui semblent vouloir happer l'horizon marin.

Dans les *Souvenirs de l'Orient*, le comte de Marcellus rapporte toutes sortes de détails dont un au moins est à retenir. C'est la nostalgie que fera naître en lui par la suite, quand il l'entendra, le nom de Maritsa, au moment où *L'Estafette* sera prête à quitter le port de Smyrne. Personnellement, je ne me hâte pas de tirer des conclusions. Et je n'ose conjecturer que, pendant les deux ou trois jours que dura le séjour du comte à Milo, il ait noué avec la Grecque qui servait dans la demeure consulaire une idylle dont les effets secondaires auraient pu avoir sur l'évolution de cette histoire la même importance que les liens tissés entre Olivier Voutier et Catherine Brest. La nostalgie, il faudra plutôt l'imputer, ou en faire crédit, à la tendresse inspirée au diplomate par la jeune fille de quinze ans. Les yeux bruns en amande, la pureté de la carnation et les quelques boucles de cheveux noirs qui fusaient du fichu sur le front, cette figure et cette posture qu'elle avait quand elle l'écoutait avec attention, la tête légèrement penchée, tout cela évoquait dans l'esprit du comte l'image d'une madone de la Renaissance.

Une telle association d'idées est peut-être en mesure d'expliquer, dans ses *Souvenirs*, un propos de Marcellus relatif à l'histoire de la statue. Au viiie siècle, dit-il, les chrétiens avaient tenté de remplacer les bras perdus de la déesse : « Il

fut démontré que la statue chargée de vêtements, de colliers
d'or et de pendants d'oreilles, avait représenté la Sainte Vierge
dans la petite église grecque dont j'avais vu les ruines à Milo. »
Laissons de côté le climat d'orientalisme bon teint qui
entoure les mots dont se sert le comte raffiné ainsi que sa
tendance à confondre les Égéens avec les catholiques de
l'Italie du Sud qui promènent de semblables statues durant
leurs processions. Reconnaissons de même qu'il omet de
nous présenter les témoins susceptibles d'appuyer ses dires,
mais également les arguments sur lesquels lesdits témoins ont
fondé leur démonstration. Et admettons que Marcellus, de
même qu'il avait rêvé de la Vénus avant même de l'avoir vue,
lorsqu'il regardait maintenant le tronc à moitié nu de la
déesse, rêvait de Maritsa qu'il ne pouvait plus voir.

9

Autrefois déesse de la Méditerranée, déesse de la mer qui s'étend du Pont-Euxin jusqu'aux Portes de l'Atlantique, elle était telle que la décrit Euripide : chamarrée et bien bouclée, objet de déférence, couronnée d'or et de violettes, Cypris et Cythérée. Elle ne hantait pas les eaux profondes comme les Océanides. Ni les grottes marines, parmi les rocs rongés de sel, où vit Protée avec ses filles.

Elle allait et venait dans l'écume dont elle était née, là où le flot se brise en son élan, sur les rivages et dans les ports, et quand elle dénouait son ceste, sa ceinture, laissant son voile se dérouler jusqu'à ses hanches, sur sa gorge veloutée frémissait le désir terrassant la tribu des mortels. La couronne qu'elle portait dans ses cheveux, les boucles d'oreilles qui brillaient à ses lobes, les colliers qui brillaient à son cou, tous les bijoux dont les Saisons l'avaient parée à sa naissance étaient en or. C'est ainsi du moins que le veut l'*Hymne homérique*.

Et c'est ainsi que la voulut le sculpteur inconnu dès qu'il la vit se dresser devant lui, forme émergeant du bloc de marbre de Paros, quelques jours avant qu'elle ne quittât définitivement son atelier pour trouver place dans la petite chapelle qui deviendrait pour presque cinq cents ans son unique demeure, quand les heures qu'il avait passées avec elle s'en seraient allées pour jamais.

Le voile de la déesse, il l'avait revêtu d'un bleu transparent, tirant sur le vert, comme la mer dans les bas-fonds, et ses cheveux, il les avait imprégnés d'ocre, de la couleur des champs d'été quand ils tressaillent au passage du vent dans les blés. La même variété d'ocre, légèrement plus soutenue, dans la tonalité que prennent la tige de l'épi mûrissant ou la peau brûlée par le soleil, avait servi à recouvrir ses seins, le doux renflement de son ventre, la courbure de ses épaules. Ses aréoles, ils les avaient fait ressortir de quelques coups de pinceau trempé dans le pourpre. Un moment, il s'était demandé ce qui serait le plus convenable : utiliser cette même couleur pour la pomme de discorde qu'elle avait dans la main gauche ou s'en tenir à sa première idée, la couleur dorée, à la semblance du métal précieux qui, à tout vent, sème l'envie et la guerre. En fin de compte, il choisit le sang noir semé de reflets d'or, comme les premiers éclairs de menace diffusés par son corps dénudé.

Amour n'était pas enfant de Vénus. Il est devenu son acolyte parce que sa mère l'a conçu à la naissance de la déesse, durant le banquet organisé par les dieux pour la recevoir dans l'Olympe. Selon l'explication de Diotime, la femme qui initia Socrate aux questions amoureuses, Expédient, fils de Sagesse, enivré par le nectar, s'endormit dans le jardin de Zeus et ce fut là que Nécessité le rencontra par hasard, elle qui était venue, sans être invitée, mendier les restes du banquet des dieux, et elle dormit à ses côtés.

Amour est l'enfant dérobé par la pauvreté affamée à l'aisance enivrée, un amoureux du beau, puisqu'il est né à la naissance de la beauté elle-même, mais, comme sa mère, il est « rude et malpropre, un va-nu-pieds, un sans domicile fixe, couchant par terre et sans couvertures », et, puisqu'il n'a pas de couche pour s'étendre, ni de maison pour se reposer, il dort, comme le mendiant, n'importe où, à la belle étoile, dans les rues, sur le pas des portes : « ayant la nature de sa mère, il ne cesse de cohabiter avec l'indigence ».

Mais il n'a pas seulement hérité de sa mère. Il a reçu des traits de son père. Il est capable, comme la richesse, de faire courir des risques à l'honnêteté, il est généreux, fougueux et vigoureux, c'est un chasseur professionnel, un malin, un comploteur habile, prudent quand il le faut ; il a les moyens de mettre en valeur la sagesse des autres, il peut séduire, endormir les sens et convaincre par les mots comme les sophistes. Il n'est pas né mortel, ni immortel. Le même jour, quand il s'enrichit, il éclot, il est en vie, et le même jour, il meurt, pour renaître grâce au patrimoine paternel, sans cesser de dilapider ses gains. Il n'est ni bien ni mal nanti : il se tient au milieu du chemin qui sépare l'ignorance de la sagesse. C'est pourquoi il est philosophe. Le philosophe n'est pas le sage, puisqu'il possède la sagesse. Le philosophe ne peut être non plus l'ignorant, puisqu'il ne sait pas ce qu'est la sagesse. Le philosophe est uniquement celui qui est en mesure de savoir que la sagesse lui fait défaut.

Acolyte de Vénus, Amour est le jouet des appétits de la déesse. C'est elle qui détient le secret de sa puissance. Elle qui décide sur quoi porteront ses coups, quels sens il mettra en veilleuse, pour qui il libérera ses élans, comment il renforcera sa vaillance, quelle toile il tissera pour prendre au piège ses victimes. La Vénus que voient les mortels, ses esclaves, n'est pas l'éblouissante beauté qui va et vient, comme le désir, à la cour de Zeus, celle que les dieux, dans leur sagesse, ont mariée à Vulcain, l'indécrottable prolétaire divin, comme s'ils avaient voulu estomper, par une ombre difforme, sa lumière aveuglante. Ce n'est pas la femme sensuelle que son mari trompé surprend au lit, dans le plus simple appareil, avec Mars, l'autre grand perturbateur des affaires humaines. Ce n'est pas non plus la tendre amoureuse d'Anchise, livrée à l'ardeur d'Adonis. Elle peut se montrer hostile, quand elle décide de se venger de ceux qui l'ont méprisée, elle peut répandre la mélancolie dans l'âme comme une marée noire. C'est alors que son sourire perd jusqu'à ses derniers signes de volupté et creuse dans sa beauté les sillons de la froideur. C'est ainsi que la vit le sculpteur qui cisela sa beauté dans le marbre de Paros : montant un jour sur la scène pour annoncer à son auditoire la mort du fils de l'Amazone, Hippolyte, et du roi d'Athènes, Thésée. Ou plutôt il ne la vit point. Il entendit, sortant du masque dont elle était couverte, sa voix légèrement déformée, une voix d'homme.

Les mots qu'Euripide met dans la bouche de la déesse dans les premiers vers d'*Hippolyte* avaient frappé le sculpteur : « Ceux qui me respectent, je les protège, mais ceux qui me méprisent, je les détruis. » Tout aussi frappant, le visage de la femme qui incarnait Vénus, quand il la vit plus tard, en ce jour de printemps du lointain premier siècle avant notre ère ! Sa voix qu'il entendit avant qu'il ne la vît semblait procéder de cette froideur que l'actrice, en jouant, exhumait du fin fond de son âme, de cette part de mystère et de sainteté qui recouvrait ses traits à mesure qu'elle proclamait le châtiment d'Hippolyte, l'orgueilleux qui la méprisait. Le métal de la voix l'avait fait frissonner quand elle avait, par avance, informé son public de la suite du drame : décidée à punir le jeune Hippolyte, condamné à mourir sous les malédictions de son propre père, elle inspirerait à Phèdre, sa belle-mère, l'épouse de Thésée, un fulgurant amour pour lui. Il fallait mettre à la

raison le jeune effronté qui clamait en tout lieu que, pour
vivre, il n'avait nul besoin du plaisir des étreintes, que la
chasse et les courses de chevaux suffisaient amplement à
combler, à chaque heure, sa vie indifférente. La déesse résolut
de sacrifier l'innocente Phèdre qui finit par se pendre de ne
pouvoir souffrir l'illégitimité de sa passion face à Thésée, son
aîné, tempérament jaloux, mais sans remords. Thésée porte-
rait le stigmate de l'infanticide pour n'avoir pas su se faire à
l'idée que son épouse était tombée amoureuse de son fils.
Qui a dit que les dieux règlent par leurs interventions le
cours de la justice ? Pas Euripide en tout cas, lorsqu'il compose *Hippolyte* ! Les dieux n'ont pas besoin de montrer aux
hommes qu'ils partagent leur sentiment du juste. Les dieux,
la seule chose dont ils sont capables, c'est de faire étalage, où
et quand ils le veulent, de leur toute-puissance.

Un peu plus tard, sur la même scène du théâtre de Milo, en
ce même jour de printemps, durant ce lointain premier siècle,
la femme qui avait quitté l'orchestre sous les traits de Vénus
était revenue à présent sous les traits de Phèdre, victime sans
défense de ses sentiments. De sa gorge, sa voix sourdait
comme un sanglot, ses lèvres tremblotaient comme si les
mots dans sa bouche étaient des gouttes de sang qui coulaient
de son âme : « Qu'ai-je fait, malheureuse ? Pourquoi suis-je
égarée à ce point, hors de moi ? Il m'a ébranlée. Il m'a mise à
terre, le démon foudroyant. »

Les siècles qui nous séparent de ce lointain jour de printemps n'ont pas exigé un effort particulier pour effacer le nom de l'actrice qui incarnait Vénus et Phèdre dans l'*Hippolyte* d'Euripide. Ce dut être l'une des premières actrices féminines à braver l'interdit de la scène. La première sans doute à avoir incarné une héroïne de tragédie. De ce point de vue, nous ne pouvons méconnaître l'élément de surprise qui mit sens dessus dessous le créateur de la Vénus de Milo. Pour la première fois dans sa vie, il voyait une femme sur scène. La représentation fut donnée en l'honneur du gouverneur romain, lequel, par affectation d'hellénisme, avait fait bâtir le petit théâtre de Milo et résolu lui-même de l'inaugurer par la tragédie qui tiendrait lieu d'hymne à la déesse Vénus. On devait également à son initiative l'édification, dans le voisinage, de la petite chapelle dédiée à la déesse qui devait distraire les équipages revenus à cette époque, avec leurs trières, pour œuvrer à l'établissement de l'Empire. Ce fut lui, au demeurant, qui choisit le sculpteur pour représenter la déesse et qui exigea personnellement, après lui avoir confié la commande, qu'il conforme son art au Canon de Polyclète, tel que l'avaient élaboré Scopas et Praxitèle.

Le gouverneur était un amateur d'art, plus qu'un bon connaisseur de la manière grecque, et préféra choisir un sculpteur qui, bien qu'il fût presque au terme de sa carrière, n'avait pas remboursé en notoriété les années qu'il avait

dépensées à ciseler des marbres et des pierres. Ceux qui
le connaissaient, tout en créditant son talent d'une certaine
sensibilité, trouvaient son style archaïque, ses gestes sché-
matiques et l'expression de ses personnages artificielle,
comme s'ils voulaient signifier autre chose que ce qu'ils
disaient. Peut-être est-ce la raison pour laquelle on ne
connaît plus le nom du créateur de la Vénus de Milo. Peut-
être est-ce la raison pour laquelle nos lointains ancêtres ne
reconnurent pas la qualité de chef-d'œuvre à ce que nous,
nous considérons comme tel et le laissèrent sans des-
cendance, à croire qu'il avait pris naissance dans le feu ardent
d'une inspiration dont le sculpteur n'avait eu le secret ni
avant ni après.

On conçoit sans effort que de tout ce qui concernait
l'usage de la déesse Vénus avaient été bannis depuis longtemps les rapports amoureux que le sculpteur entretenait avec
son modèle, l'actrice. Il semble que ces rapports ne jouèrent
aucun rôle particulier, ou exceptionnel, dans l'histoire universelle du sentiment et allèrent jusqu'à passer inaperçus à
l'époque même où ils se nouèrent. C'était chose assez cou-
rante que ce lien entre un homme âgé et une femme sensiblement plus jeune que lui, entre quelqu'un qui savait qu'il
n'avait plus le droit de demander beaucoup à la vie et une
femme qui brûlait d'affranchir son talent des limites que lui
imposait le caractère tout provincial de sa renommée et de

monter finalement à Rome, à Athènes, à Alexandrie ou dans quelque autre centre nerveux de l'époque. C'était comme cela, probablement, qu'ils s'étaient rencontrés. Avant de voir la femme destinée à devenir la Vénus, il avait senti l'effleurement de sa voix. Et c'était cette voix qu'il voulait maintenant faire sortir du silence du marbre de Paros. Pour l'artiste, la commande du gouverneur était la dernière chance de sa vie. S'il la manquait, il savait ce qui l'attendait : les problèmes techniques de la vieillesse, la dégringolade dans l'insignifiance – bien pire que l'angoissante pénombre dans laquelle se débattait le peu de gloire qu'il avait acquise avec son œuvre –, voire la mendicité, car sa vie vouée au langage des sens avait été si gaspilleuse que la marge de manœuvre que lui permettait sa bourse trouée ne dépassait pas quelques mois.

Pour sa part, elle envisagea son passage par Milo, la représentation théâtrale et la statue qui devait immortaliser ses traits comme autant d'étapes dans la consécration de son talent.

Cela ne signifiait pas, bien sûr, que leurs transactions amoureuses fussent purement et simplement fondées sur le calcul précis de leurs bilans personnels. Une certaine séduction intervient toujours dans ce type de rapports, justifiée dans le cas concret par l'indéniable beauté du modèle, autant

que par la souplesse expressive de son caractère. Il y a gros à
parier qu'il n'eût pas été séduit à un tel degré s'il ne l'avait vue,
sur scène, interpréter avec un tel brio son double rôle et
passer en l'espace de quelques minutes de la froideur impé-
riale de la déesse de l'Amour à la tendresse désarmée de sa
victime. Ne sous-estimons pas le mouvement que l'ambiguité
du modèle ajoute au pouvoir exercé par la Vénus de Milo –
j'entends la statue que nous voyons aujourd'hui au Louvre.
Pour saisir ce mouvement, il suffit que le regard passe,
comme en glissant, de la lumière à l'ombre, de la sévérité
dorique d'un visage qui semble par un vague sourire – mais
s'agit-il d'un sourire ? – refouler dans la douceur du sein toute
trace de sensualité, à la ligne floue qui se dessine aux contours
du thorax, à la pliure de la taille, là où se profile, dans toute sa
pureté, la chair du ventre et des hanches, comme pour suggérer les cuisses et les mollets que dissimulent les plis du voile à
demi baissé.

L'artiste ne voulait point paraître naïf et inexpert dans les
questions d'amour. Peut-être la saturation des sens avait-elle
laissé en lui un résidu de pessimisme chronique. Peut-être
avait-il déjà prévu la fin peu glorieuse de sa relation. Toujours
est-il qu'il résolut, au dernier moment, d'ajouter à la main
gauche de la statue la pomme de discorde afin de troubler
l'admiration des éventuels spectateurs par un signe de mauvais augure : les sombres perspectives que la Vénus, en sa

beauté triomphale, ouvrait dans le champ des affaires humaines.

Quant au charme exercé par le sculpteur sur son modèle – tout laisse croire en effet à une relative réciprocité sentimentale –, ce dernier devait s'exciter à voir l'expression de satisfaction se dessiner dans les yeux de l'artiste – car ils révélaient un tempérament repu de jouissances – et dans cette relative lenteur à réagir que la jeune femme recevait comme un mélange d'équilibre et d'abandon, un signe de décadence qui marquait sa propre sensibilité. C'était là que résidait l'intérêt de leurs relations plus ou moins vouées à finir sans gloire, malgré qu'ils en eussent, sous le poids des promesses non tenues autant que des espoirs déçus. Je suppose que le sculpteur avait laissé entendre qu'au sortir de son atelier, l'actrice bénéficierait d'un rayonnement qui s'étendrait jusqu'aux limites du monde grec, tandis que celle-ci lui avait fait croire qu'il ressusciterait dans ses bras, chose qui, aujourd'hui, nous semble naïve, même s'il ne s'agit que d'une chimère plutôt banale.

L'actrice aboutit peut-être dans le lit du gouverneur qui l'accablait de visites quotidiennes à l'atelier du sculpteur où il restait des heures durant à la regarder, ou alors le sculpteur inconnu, blessé ou simplement dégoûté, lassé de la pesante monotonie qui prévaut quand la passion s'étiole, ayant exprimé dans son ciseau toute sa déchirure sentimentale, quitta Milo après la fin des travaux avec l'espoir que là où il

irait lui parviendrait un jour l'écho de la gloire attachée à son
œuvre. Pour gagner sa croûte, il fut contraint jusqu'au dernier
jour de sa vie de travailler dans un atelier spécialisé dans la
production de marbres funéraires, sans jamais avoir de nou-
velles de sa Vénus, sans même savoir si elle continuait à
occuper la place où il l'avait laissée, à l'entrée de la chapelle
consacrée à la déesse, à une distance de quelques dizaines de
mètres seulement de la scène du théâtre où il avait connu son
modèle. Les mœurs de l'époque ne lui permettaient même pas
de se réfugier dans l'idée libératrice que son œuvre était
d'avant-garde et serait reconnue par la postérité, une pensée
qui en a consolé beaucoup au fil des âges, à tort ou à raison,
même si, dans son cas, ce fut plutôt avec raison.

Sa Vénus, celle que nous connaissons, nous, comme la
Vénus de Milo, c'était son Ithaque, dans cette marche vers
l'amour qui avait rythmé le voyage de sa vie. Dans chacun
des traits qui la composaient, il retrouvait la douce chaleur des
étreintes et le dégoût réfrigérant que laisse derrière lui le
naufrage du désir, la fin de la vibration qu'imprime dans le
regard le visage aimé. Sa Vénus, c'était en abrégé toute l'histoire de l'amour. Raison pour laquelle c'était un chef-
d'œuvre.

Mais, si puissante que fût sa lucidité, il ne pouvait prévoir
tout ce qui aurait lieu des siècles plus tard, le geste providen-
tiel d'Andréas Kalokairinos, l'apprenti de Yorgos Kendrôtas,

un jour d'avril 1820. De même ne pouvait-il soupçonner que son œuvre demeurerait à sa place cinq siècles environ après sa mort et que les traits de la femme qu'il avait adorés et imprimés dans le marbre continueraient à exciter l'une après l'autre des générations d'hommes, avec des effets secondaires plus ou moins pernicieux, jusqu'au jour où débarquerait à Milo un détachement de soldats bien décidés à appliquer l'édit de l'empereur Théodose contre les païens. Ce fut l'heure où la foi chrétienne triompha de l'idolâtrie, l'élimination d'un nombre indéterminé de témoignages de la créativité humaine. Dévalorisés à l'époque, on est en droit de supposer que s'ils avaient été préservés, ces témoignages auraient été susceptibles d'influencer radicalement nos propres conceptions. La Vénus, on la brisa en deux, on l'enterra, parce qu'on n'arrivait pas à la mettre en morceaux, et les bras, on les jeta dans la mer. Pourquoi ne pas conjecturer que durant ces persécutions, constitutives de l'État byzantin, disparurent en même temps les autres œuvres du sculpteur de la Vénus, lequel, si nous retenons cette hypothèse, ne dut pas être aussi peu connu de son temps que nous le supposons de nos jours ?

J'ai laissé pour la fin le plus important, le nom du créateur de la Vénus dont le destin semble répondre à la réputation faite à son œuvre tant qu'il vécut. On suppose que parmi les morceaux qui se trouvaient dans le champ de Yorgos figurait

une inscription en partie effacée sur laquelle étaient gravées
les lettres suivantes :

...ΑΝΔΡΟΣ ΜΗΝΙΔΟΥ

...ΙΟΧΕΥΣΑΠΟΜΑΙΑΝΔΡΟΥ
ΕΠΟΙΗΣΕΝ

Quand on remplit les vides, on obtient la phrase :

ΑΓΗΣΑΝΔΡΟΣ ΜΗΝΙΔΟΥ
ΑΝΤΙΟΧΕΥΣ ΑΠΟ ΜΑΙΑΝΔΡΟΥ
ΕΠΟΙΗΣΕΝ

Qui est cet Aguésandros, ce fils de Ménidès qui, originaire
d'Antioche du Méandre, en Asie Mineure, est inconnu par
ailleurs ?

Comme il le dit dans ses *Souvenirs*, c'est parce qu'il jugeait
l'inscription sans intérêt particulier et la considérait comme
un poids excessif que le comte de Marcellus ne l'a pas emportée sur *L'Estafette*. Laissons de côté, en raison de leur facilité, les interprétations psychologisantes qui supposent chez
Marcellus une tendance à polémiquer jalousement sur la
paternité du chef-d'œuvre avec le créateur antique et à effacer
inconsciemment les traces de ce dernier. Gardons l'assurance
qu'il a copié le texte de l'inscription − c'est grâce à lui que

nous le connaissons – et que, revenu à Paris, il l'a communiqué aux conservateurs du Louvre, lesquels ont établi une copie exacte de l'inscription sur la base de la description du comte. Dans ses *Souvenirs*, il laisse planer l'hypothèse que l'inscription abandonnée par lui fut transportée sur la gabare *La Lionne* par le marquis de Rivière quand il repassa par Milo et que, finalement, elle a peut-être été, elle aussi, amenée au Louvre, avec tous les autres effets de la Vénus. Mais, depuis lors, on a perdu sa trace.

A-t-elle disparu dans quelque réserve du Musée à la suite d'une négligence bureaucratique ? Serait-ce quand on a transporté la Vénus dans une caserne, pendant la Commune de Paris ? Ou pendant la Deuxième Guerre mondiale, quand la statue a suivi les autres chefs-d'œuvre du Musée durant l'exode vers le château de Valençay ?

10

« Le ciel si pur, les voiles de la nuit si transparentes sous ce merveilleux climat ; ce port qui avait retenti de tant de cris de triomphe, maintenant triste et désert ; cette tombe de Thémistocle abandonnée, que lavait d'une eau si limpide chaque retour des mêmes vagues qui virent la gloire du héros ; la lune se levant lentement derrière l'Hymette, et qu'on entrevoyait à travers les mâts et les cordages du vaisseau mouillé seul au Pirée ; les rayons de cette pâle lueur, si lumineuse dans l'Attique, se prolongeant sur le marbre ; l'équipage en silence ; le vieil antiquaire muet. Puis les torches enflammées faisant ressortir les lignes harmonieuses, les contours et les beautés de la statue ; enfin, les salves de nos applaudissements : telle fut la première des nombreuses visites aux flambeaux qu'elle a subies ou qui lui sont destinées ; et là, ramenée vers l'atelier qui la vit naître, Vénus au sein des flots et des airs faisait briller encore à nos regards charmés sa plus noble image. »

La scène rapportée dans le journal de voyage à la date du 21 septembre 1820 est placée sous d'heureux auspices. Le

navire ancré dans le port du Pirée, c'est *L'Estafette*, le vieil
antiquaire muet, c'est Louis-François Fauvel, consul de
France à Athènes, et le lyrisme déployé par le comte de Marcellus est assez explicite pour prêter après coup aux commentaires. Le lecteur de ce passage devient le témoin des effusions que la Diva allait provoquer dans l'avenir chez ceux qui
rêvaient d'elle sans la voir, chez toute personne qui entendait
parler d'elle avant de l'avoir en face de lui, chez tous ceux qui
avaient assez de sensibilité pour distinguer dans l'une de ses
multiples copies sa beauté authentique.

La Vénus de Milo n'est pas simplement considérée comme
un objet d'art ancien supplémentaire, une œuvre de génie,
sublime, exceptionnelle, un pur chef-d'œuvre. On la regarde
comme l'image la plus noble de l'idéal antique, la représentation même de la Grèce de marbre blanc. Nul tempérament
hyper-positiviste n'est en mesure de décrire avec davantage
de précision les sentiments qu'inspirent la transparence du
paysage attique, les lueurs de la lune blafarde autour des
marbres, le clapotis des vagues qui retentit encore des cris
héroïques poussés à la gloire de Thémistocle. Nous suivons
des yeux les progrès galopants d'un délire anticomaniaque,
l'un de ceux qui creuseront leurs sillons dans l'imaginaire
de l'époque et susciteront une méfiance légitime, malgré leur
philhellénisme déclaré, chez nous autres, les Grecs modernes.
Ne perdons pas de vue un fait significatif : le paysage qu'il

voit autour de lui, la célèbre réalité des réalistes où qu'ils
se trouvent, l'apparition de la Diva, Marcellus l'a converti, en
dehors du temps et de l'espace, en un décor auquel manque
l'odeur de la condition humaine, une odeur qui, je l'imagine,
n'avait rien d'agréable au Pirée, en 1820. Avant de trouver sa
place au Musée, la Vénus a changé en Musée le monde qui
l'entourait.

C'est la raison pour laquelle j'insiste sans désemparer
sur l'importance exceptionnelle que revêt pour notre récit
en passe de s'achever le processus d'idéalisation qui se mit en
place de manière quasi spontanée dès l'apparition de la statue
et pesa désormais de toute sa force pour introniser ladite
statue dans le Grand Musée. De même qu'une telle beauté
ne pouvait tolérer rien de moins que l'identité de Vénus, une
telle perfection ne pouvait avoir vu le jour que dans le paysage
attique, l'atelier par excellence de la sculpture antique. Nous
aurons beau ne pas tenir compte de l'avis du comte de
Marcellus (la Vénus arrivant au Pirée fut « ramenée dans
l'atelier qui la vit naître »), nous aurons beau l'attribuer à la
licence poétique que lui concèdent ses ambitions littéraires, il
est impossible d'ignorer le verdict de M. Fauvel qui suit juste
après : « Après sa lente contemplation, M. Fauvel assigna à la
statue, qu'il nomma le premier et comme par instinct Vénus,
l'époque antique de la plus parfaite sculpture ; il hésitait seulement entre l'école de Phidias et le ciseau de Praxitèle ; il

n'admit pas qu'elle pût être une copie tardive même du modèle le plus excellent. »

Malheureusement ou heureusement, nous ne saurons jamais comment réagit le fantôme du sculpteur Aguésandros quand il entendit l'antiquaire chevronné déclarer de toute son autorité que la sculpture n'était pas de lui. De toute manière, cela supposerait que nous adoptions l'idée de métempsychose et que nous admettions la connivence avec le peuple des esprits qui, attendant leur tour pour revenir parmi nous, circulent dans les interstices de notre monde, dans ses zones de silence, dans les brusques changements de nos humeurs et pourquoi pas, dans l'admiration sans réserve que nous inspirent leurs œuvres. Peut-être le sculpteur se réjouit-il de voir sa patience récompensée, fût-ce après l'écoulement de tant de siècles d'Histoire, par la comparaison que fit l'exubérant M. Fauvel entre son travail et les œuvres de Phidias et de Praxitèle. Mais peut-être, cédant à la colère, résolut-il de se retirer pour toujours de la scène, en leur laissant leurs illusions, en gardant en exclusivité pour lui-même le droit d'être le seul détenteur du secret de la Vénus. Il échoua à les tromper en faisant disparaître la main gauche de la déesse avec la pomme de discorde – tous la reconnurent, ce qui, finalement, le combla d'aise –, mais, à partir de là, il allait les forcer à se mettre à la recherche du créateur de la statue. Eh oui, ce fut peut-être lui qui subtilisa au Louvre la fameuse inscription. Mais il se trouva peut-être quelqu'un d'autre, un conservateur, un préposé, pour adopter un raisonnement très simple : dans la mesure où l'œuvre peut apparaître comme un produit des célèbres ateliers de Phidias ou de Praxitèle, à quoi bon mentionner l'existence de cet Aguésandros inconnu au bataillon ? Personne ne se préoccupe de savoir d'où il sort.

Quoi qu'il en soit, le fantôme d'Aguésandros eût-il pris une décision, ce sont les circonstances qui l'auraient amené à se conformer aux règles du jeu, s'il voulait jouer le jeu de l'époque et le gagner : imposer son œuvre comme il n'avait pas réussi à l'imposer en ces temps lointains où il vivait. Car, dans l'instant qui suit, le comte de Marcellus, guéri de ses accès de fièvre lyrique, quitte l'habit du poète et se souvient de son rôle de secrétaire de l'Ambassade de France à Constantinople, celui du diplomate chargé d'acquérir la statue pour le compte de son ambassadeur et appelé à informer son supérieur de tout le bruit fait autour d'elle et de toutes les dépenses consenties.

Et c'est ainsi qu'il poursuit : « ... lorsque, par suite d'une curiosité dont je me reproche aujourd'hui le prosaïsme, je lui demandai quelle valeur pécuniaire on pouvait attacher à ces débris des âges : – Mon Dieu, répondit-il, avec une grande simplicité, cinquante mille francs, cent mille francs, deux cents, un million, tout ce qu'on voudra ; elle est sans prix. »

Le verdict de M. Fauvel, celui du Nestor des Antiquités,
comme le surnomme le comte de Marcellus dans ses *Souvenirs
de l'Orient*, celui du consul français à Athènes avant la Révolution grecque, celui de l'antiquaire, de l'adorateur de l'Ancien,
du plus illustre collectionneur d'antiquités, est marqué au coin
de la bonne foi. Dès cette nuit du 21 septembre 1820, le clair
de lune aidant, sous les cris unanimes saluant la victoire de
Thémistocle, les portes du Musée s'étaient ouvertes toutes
grandes pour accueillir la Vénus et sa valeur inestimable. Le
verdict de M. Fauvel avait conféré à la statue l'aura de l'œuvre
la plus parfaitement classique, assez pour corriger son éven-
tuelle gaucherie. Cette aura, ou plutôt ce malentendu, escorta
la Vénus jusqu'en 1893, époque où l'archéologue allemand
Furtwängler démontra que le chef-d'œuvre avait vu le jour
vers la fin de la période hellénistique et au début de la période
romaine.

Jusqu'alors prévalait la première estimation de M. Fauvel :
on considérait la Vénus de Milo comme le seul exemple de nu
féminin du Ve siècle avant notre ère, comme le produit exceptionnel d'une époque qui ne s'était pas encore familiarisée
avec le spectacle de la nudité féminine, alors qu'elle était
accoutumée à voir le corps masculin, dans les gymnases et la
phalange militaire. L'absence du nu féminin de la sculpture de
l'antiquité classique est une question de mœurs ou d'habitu-
des, mais c'est aussi une question de canons esthétiques,

puisque le nu féminin exigeait des sculpteurs la solution d'un problème technique lié aux codes figuratifs et qui, comme presque tous les problèmes techniques en art, n'en était pas moins essentiel : soumettant l'image du corps à des proportions mathématiques, les artistes ne savaient comment aborder le déséquilibre imposé au regard par un buste reposant sur des cuisses harmonieuses et des mollets faibles et minces. Ils ne pouvaient compter avec la puissance musculaire. C'est pourquoi ils s'obstinaient à figurer dans le marbre des femmes habillées, contrairement aux peintres des vases et aux fabulistes que leurs moyens d'expression laissaient libres de traiter la question comme ils l'entendaient. Le choix des sculpteurs de passer sous silence la nudité du corps féminin n'est dû ni à la pudibonderie du public, ni à une idéalisation homosexuelle du corps masculin qui ne voulait pas entendre parler de la poitrine aux renflements voluptueux ou des rondeurs fessières. Le marbre comme le bronze avaient leurs propres exigences.

Nous savons que la question n'a pas préoccupé Phidias, du moins d'après ce que nous connaissons de son œuvre. Les divinités féminines sur les métopes du Parthénon sont toutes vêtues. Mais nous savons que la question a retenu Praxitèle qui, avec sa Vénus de Cnide, ouvrit la voie en proposant magistralement la solution du problème. Nous sommes également en droit de supposer – je m'en excuse auprès du fantôme du créateur de notre Vénus que je traite, comme je l'ai montré jusqu'ici, avec tout le respect qui lui est dû – que le sculpteur de la Vénus de Milo a préféré passer à côté du problème.

Il n'est pas exclu qu'il se soit vu contraint de résoudre l'une ou l'autre question relative à la constitution physique de son modèle. Peut-être son amante avait-elle des jambes très maigres, voire un tantinet tordues, et ne voulait-il point révéler la tendre émotion que lui inspirait ce petit défaut d'anatomie en embellissant sa représentation. Il n'est pas exclu qu'à son âge, si nous admettons l'hypothèse que cette commande fut la dernière chance de sa vie, il n'avait pas la possibilité de risquer sa réputation sur cette partie délicate et controversée du corps féminin qui va de la courbe du ventre et du triangle pubien jusqu'aux extrémités inférieures, les doigts de pied. Que de beautés gâchées par la difformité des chevilles, que de rêves érotiques, de fantasmes anéantis sur ce terrain impraticable !

C'est la raison pour laquelle il choisit d'envelopper les jambes de la déesse dans ce voile qui avait l'air de dégringoler jusqu'à ses hanches, comme si la divinité venait de dénouer son ceste. Il perdait sur le plan de l'avant-garde esthétique les points qu'il gagnait sur le plan de l'attrait sensuel, voilà tout.

Il opta pour la solution de facilité, il partit du plus sûr, sans que cela se traduisît par un échec. Praxitèle peut bien conserver aujourd'hui encore le titre de sculpteur d'avant-garde qu'il possédait déjà à son époque, le sculpteur de la Vénus de Milo peut bien rester un inconnu du fait que la coutume, en ces temps de sagesse, tenait pour un déshonneur de mettre sur une œuvre le nom de son créateur : il n'empêche que le rayonnement de son chef-d'œuvre fait de l'ombre au rayonnement de la Vénus de Cnide ou plutôt à celui des copies de cette dernière que nous connaissons aujourd'hui. C'est peut-être parce qu'aux sentiments démocratiques en vigueur à l'heure actuelle conviennent davantage les solutions de facilité des créateurs.

La Vénus de Milo franchit les portes du Louvre le 1ᵉʳ mars 1821, après avoir, sur *L'Estafette*, fait escale à Smyrne, Rhodes, Alexandrie, sans compter le Pirée, et après être passée, une fois encore, par le port de l'île où elle avait vu le jour, chargée cette fois dans la cale de la gabare *La Lionne*. On l'avait enveloppée dans de la toile à voile selon Marcellus amendé par Voutier qui rappelle au contraire qu'elle avait été recouverte de paille pour la protéger contre les vicissitudes de la traversée – en l'occurrence, nous devons admettre que l'insistance du désormais colonel Voutier à corriger quarante ans après l'inadvertance de son interlocuteur fait songer à deux vieillards qui se houspillent à la moindre occasion, surtout quand ils sont pris dans les engrenages de leur mémoire détraquée.

On ignore la raison pour laquelle il fallut ces dix mois pour que la statue parvînt à destination – la métaphore esthétique de la gestation prolongée a de quoi répondre aux besoins du lyrisme courant, mais elle ne peut rien expliquer. Il est plus que probable que ce passage de port en port n'a pas de lien direct avec la Vénus. Il faudra plutôt tenir compte des besoins de la flotte de Louis XVIII, de la mission de la goélette *L'Estafette*, de la présence du pavillon français en Méditerranée orientale. Il y a également un rapport avec la fin du mandat exercé par l'ambassadeur, le marquis de Rivière, qui était désireux de ne pas rentrer en France les mains vides et d'offrir à son roi, sa loyauté mise à part, le chef-d'œuvre de l'Antiquité. Ainsi s'explique le séjour plutôt téméraire de la Vénus à Constantinople, avec le danger, si quelqu'un révélait sa présence dans la cale du navire, de provoquer un incident diplomatique avec son prétendant, le dignitaire ottoman Nicolaki Morusi. Mais le prince, durant ces jours-là précisément, était en train de sillonner l'Égée d'île en île à la recherche des ravisseurs de la statue. Optimiste au début, inspiré par le désir de l'objet, c'est quand il eut perdu tout espoir qu'il aboutit à Milo où il infligea aux primats une flagellation publique. D'après les *Souvenirs* du comte de Marcellus, ce fut lui, en personne, qui maniait le fouet. On ignore si Yorgos Kendrôtas fit partie des victimes de sa colère.

Le transport de la Vénus, de *L'Estafette* vers *La Lionne*, eut lieu nuitamment, dans le plus grand secret, dans le port de Smyrne. Quelques semaines avant, le 20 août 1820, la goélette ayant déjà quitté le port de Rhodes à destination d'Alexandrie, le pilote grec fit cet aveu au comte de Marcellus qui le reproduisit en 1851 dans ses *Épisodes littéraires en Orient* (remarquons que ledit pilote se nommait lui aussi Yorgos) : « Avant-hier, me trouvant chez un Grec de Smyrne, établi à Rhodes, avec sa femme et ses deux filles, pour le commerce des éponges, je me mis à raconter tout ce qui s'est passé entre vous et nos primats de Milo, quand, en échange de la grande pierre blanche qui n'est bonne à rien, vous avez laissé dans l'île de quoi acheter bien des filets et réparer bien des barques. Mais, comme je suis un peu malin, surtout quand je suis à terre, à la place de la pierre blanche j'ai nommé dans mon récit la plus charmante jeune fille de notre village : c'est comme si j'avais dit Maritsa, par exemple, que vous trouviez si jolie. J'ai fait croire à ces bonnes gens que vous l'aviez enlevée pour en faire votre épouse légitime, et que vous la gardiez soigneusement à bord, sans permettre qu'elle quittât ni l'entrepont ni son voile, par crainte des Turcs, et même un peu des Grecs. C'était plaisant, n'est-ce pas ? Qu'en pensez-vous ? »

La nouvelle de la présence de la belle passagère avait circulé de bouche en bouche à la vitesse d'une rumeur que

nulle réalité n'est à même de démentir et, passant par les
odalisques du harem, elle était parvenue aux oreilles du gouverneur ottoman, lequel, le lendemain matin, envoyait à Marcellus des corbeilles de raisins et de melons pour qu'il lui
laissât voir la belle Grecque endormie.

Dans le port d'Alexandrie, un autre de ses soupirants allait
se déclarer, mais d'un type totalement différent cette fois : le
comte B., un Piémontais passablement fanfaron, si l'on en
juge par l'absurdité relative de ses exigences. Il commence
par déclarer que c'est la plus belle statue grecque qu'il ait vue
de sa vie. « Heureux Pâris », s'écrie-t-il avec extase, « vous ne
surveillez pas assez votre Hélène ! », avant de demander à
Marcellus de lui permettre de « coucher là, sur un matelas,
près d'elle », afin de veiller sur la Vénus jusqu'à l'arrivée à
Rhodes. Quand le diplomate lui explique que la présence
d'étrangers n'est pas autorisée sur un vaisseau de guerre français, le Piémontais s'efforce de l'appâter en lui donnant l'assurance qu'il pourrait lui être de quelque ressource dans ses
recherches d'antiquités : il suffirait qu'on fasse placer un fauteuil au sommet de la colonne de Pompée, d'où il pourrait
repérer, pour le compte de Marcellus, toutes les beautés de
l'Égypte ancienne. L'autre lui répond que, du sommet de la
colonne, « on ne voit pas beaucoup plus de mer ou de sable
que de la hune » de *L'Estafette*, mais le comte piémontais n'en
démord pas. Aperçoit-il dans le bureau de Marcellus une

édition des *Argonautiques* de Valerius Flaccus, il s'inquiète de la
raison pour laquelle son interlocuteur se consacre à la lecture
d'un tel ouvrage, puisque les Argonautes ne sont jamais allés
en Égypte. Quand il quitte le navire quelques instants plus
tard, en dehors du livre, il emporte avec lui la moitié de
la provision de glace qu'il a trouvée sur *L'Estafette*. En
échange, il a révélé à Marcellus, manifestement pressé de
s'en débarrasser, la recette du plus délicieux rafraîchissement
qu'on puisse imaginer sous ce climat de feu : on ouvre une
pastèque, on y met des glaçons, on la referme et on laisse la
glace fondre deux heures. « Essayez-la ! » « Dieu vous pré-
serve », conclut Marcellus dans ce morceau publié en 1854
dans *La Revue contemporaine*, « des voyageurs indiscrets et des
longs conteurs ».

La déesse de la Méditerranée, avant de se fixer au Louvre,
voyage pour la dernière fois en Méditerranée. On dirait
que les vagues de la mer, le vent fort, l'harmonie des astres
dans les nuits de l'été, le climat pesant de la bonace et la
transparence du clair de lune font sortir la belle Grecque
endormie de sa léthargie séculaire. Où qu'elle aille désormais,
la gloire est au rendez-vous. À Constantinople, après son
transfert sur *La Lionne*, les correspondants de l'ambassadeur
de Russie, le baron Stroganoff, l'ont informé de son arrivée,
comme de l'opinion de Fauvel à son sujet. Le baron demande
à son homologue français la permission de voir le chef-d'œuvre

sorti des ateliers de Phidias ou de Praxitèle. Il promet la
discrétion et la visite est organisée incognito. Malgré les
craintes de Marcellus, l'ambassadeur russe se borne à manifester le même lyrisme mêlé d'extase qui accompagnera doré-
navant l'apparition de la Vénus. Avec plus ou moins de
subtilité, plus ou moins de richesse expressive, candide souvent, crispé ou détendu, disert ou carrément muet, concentré,
voire figé, dans le regard de feu qu'il a posé sur elle, il la prend
sous son aile protectrice, corrigeant ses défauts, luttant de
toutes ses forces pour décrypter ses mystères. Le talent anar-
chique de Chateaubriand formule avec justesse le ravissement
que provoque la Diva chez ses fidèles – et il faut songer qu'au
moment où il se lance dans le monologue improvisé qui suit,
il n'a vu qu'une copie en plâtre de la statue à Londres où il fait
fonction d'ambassadeur : « Pourquoi lui chercher un titre,
victorieuse, mère, que sais-je ? comme Cicéron, je ne puis
souffrir les fausses inscriptions des statues – *Odi falsas inscrip-
tiones statuarum.* Elle est Vénus... C'est tout dire... Nul ne
s'y trompe... Il n'y a rien après ; c'est la beauté par excellence,
la beauté divinisée... chaste dans sa nudité, gracieuse et
déesse... élégante et dominatrice, type essentiellement grec...
Mélange de l'idéal des âges antiques et de la mélancolie des
temps modernes... elle est bien plutôt philosophique que
voluptueuse... Elle appartient à l'école de Platon plus qu'aux
mœurs d'Alcibiade... Elle fait rêver sans fin... Elle m'eût

inspiré quelque chose de plus pur, de plus homérique et de plus chrétien à la fois que Cymodocée, si, dans l'Archipel, j'avais heurté, comme vous, ce tronçon de marbre qui devait relever la divinité... Elle fera naître de nombreux panégyristes, mais jamais d'heureux imitateurs... Notre siècle dégénéré analyse et ne sait pas inventer... Époque mesquine ou sanglante !... Les révolutions étouffent le génie des arts... Nous n'aurons pas plus désormais de ces Vénus de Phidias que des Vierges de Raphaël ou des vers de Racine.»

Rendez-vous compte s'il avait vu l'original !

Mais laissons de côté ces détails, écartons ces jugements pessimistes de Chateaubriand qui présupposent chez lui la conviction que même si son époque ne produit pas des vers comme ceux de Racine, rien ne l'empêche de produire des pages comme celles de Chateaubriand. Ne nous arrêtons pas à l'idée que la Vénus appartient davantage à Platon et moins à Alcibiade, davantage à la philosophie et moins au plaisir des sens, une idée importante par ailleurs, puisque la présence de la statue, aujourd'hui encore, exerce un minimum d'attrait sensuel, tant elle renvoie à une vision abstraite de la beauté féminine. Chateaubriand a raison : c'est moins une femme qu'une catégorie esthétique.

N'accordons pas non plus trop d'importance à l'expression Vénus de Phidias qui accompagnera, comme une lentille déformante, l'image de la statue jusqu'à la datation de

Furtwängler. Une vision qui, en fin de compte, aurait plutôt
comblé l'esprit d'Aguésandros, dans la mesure où lui-
même avait élaboré la Vénus en suivant le goût dominant de
son époque, le 1er siècle avant notre ère, qui avait forgé déjà
ses concepts relatifs à l'antiquité, proposé déjà ses propres
modèles et faisait de l'art, soit en s'efforçant de les imiter,
comme dans le cas de la Vénus, soit en les copiant tout
simplement, comme la majorité de la population marmoréenne qui habite les salles des musées. L'histoire de la Vénus,
c'est celle d'une statue qui vit le jour au temps du style
classicisant et reprit vie à l'époque du néoclassicisme.

Mais abandonnons toutes ces questions aux séminaires des
historiens de l'art, quelle que soit leur appartenance, et prêtons un peu d'attention à l'expression « type essentiellement
grec » dont la résonance donne à penser qu'elle préfigure le
trajet que suivra le chef-d'œuvre dans le monde contempo-
rain. À quel point sa montée au ciel des abstractions est-elle
due à ses défauts ? À quel point est-elle due aux mystères de
sa configuration, à l'absence de la main gauche qui interdit
de lui donner un nom, à l'anonymie du sculpteur qui fait
croire qu'elle est née non pas du talent d'un seul et unique
créateur, mais dans l'atelier d'une période entière ?

Toutes les copies de la Vénus de Cnide qui nous sont
connues sont des indices du talent de Praxitèle. Les éléments
d'identification de la Vénus de Milo dont nous avons

connaissance lui ont permis de s'imposer comme la statue emblématique de l'antiquité grecque. Ainsi, comme avec cette idée de Grèce de marbre blanc chère à Winckelmann, se dissipent les ombres laissées dans l'Histoire par les petites opérations de cuisine interne, les taches et les odeurs de la condition humaine : seul subsiste le contour essentiel.

En substance, l'histoire pourrait se terminer à cet endroit, si, derrière elle, une question n'avait été laissée en suspens, une question de comportement humain cette fois qui ne saurait en aucune manière avoir une incidence sur la valeur attribuée au chef-d'œuvre, sur ses titres à la reconnaissance esthétique. Elle concerne le silence de l'un des protagonistes, l'aspirant de la Marine de guerre française devenu par la suite colonel d'artillerie dans le bataillon des Philhellènes, Olivier Voutier. Son silence, comme nous l'avons vu, avait déjà commencé. Mais, durant les quelques mois qui suivirent la découverte de la Vénus, la couche qu'il formait était devenue quasi impénétrable, au point d'étouffer la propre mémoire de Voutier.

Quarante ans après, quand il écrit sa fameuse lettre à Marcellus par laquelle il rompt son silence, il déclare ne pas se souvenir si la statue parvint à Marseille, toujours dans la cale de *L'Estafette*, ou si elle arriva à Toulon, comme l'affirme le comte, chargée dans celle de *La Lionne*. Est-il possible qu'il ne s'en souvienne pas, alors qu'il se souvient de tant de détails, comme le fait qu'on l'enveloppa de paille et non de toile de voile pour la protéger ? Peut-être fait-il semblant de ne pas se souvenir, car il a choisi de ne partager avec personne les jours qu'il a passés à Milo ? Qu'il se souvienne, c'est indéniable. Il se souvient du coq qu'ils sacrifièrent sur les rives du Nil avec le comte de Marcellus en l'honneur de la déesse. De la même manière, bien des années plus tard, il se souvient, et selon ses propres dires, il s'en émeut, de M. Dumont d'Urville avec lequel il a partagé tant de moments essentiels de sa vie : c'est à l'époque où, sur le rivage du golfe d'Argolide, en pleine Révolution grecque, alors qu'il est lui-même l'ordonnance de Mavrocordato, il aperçoit, gravé sur le tronc d'un arbre, le nom du vaisseau *La Chevrette*. C'était là qu'avait abouti la célèbre mission océanographique, chargée de compléter la cartographie des rives de la mer Noire et de leurs alentours. Dans l'ensemble des *Mémoires sur la guerre actuelle des Grecs*, c'est la seule allusion, indirecte, à la Vénus de Milo. Il n'a même pas une pensée pour elle, lors de sa rencontre avec Fauvel, à Athènes, durant la Révolution. Comme s'il craignait, en brisant le silence, de devoir parler du vrai visage de la Vénus, de ces traits qu'il distinguait tandis qu'il la dessinait dans la pénombre, dans le champ de Yorgos Kendrôtas, en ce jour éloigné d'avril 1820.

DEUX SIÈCLES PLUS TARD ENVIRON

Dans la salle du Louvre, dans le silence de la petite foule qui se presse autour d'elle, le sentiment d'éternité dont elle est nimbée est comme une marque d'honneur qui lui revient de droit. Dans les mini-déflagrations des flashes, dans le bruit étouffé des pas sur le parquet, tandis que le public tourne autour de son corps, croyant par les mouvements qu'il fait percer à jour le secret de sa gestuelle, le rythme ondulant dont elle est animée s'affirme comme un code esthétique désuet, non pas à cause du passage des années, visible dans les blessures et dans l'usure des matériaux, mais par le fait de ce léger changement de perspective que le vocabulaire de l'amour impose à la sensibilité.

Jadis elle avait l'art et la manière de s'adresser à vous avec tout le laisser-aller de la confidence intime, avec un murmure aussi caressant que le souffle émanant d'un visage adoré. Ce fut ainsi qu'ils entendirent son mystérieux langage, ceux qui la virent pour la première fois étendue parmi les pierres, dans ce champ situé sur l'île égéo-pélagienne, ce fut cet abandon qui troubla Yorgos Kendrôtas et le petit Andréas Kalokairinos, ce murmure qui fit trembler la main d'Olivier Voutier tandis qu'il la représentait, cette voix du silence qui se fraya un chemin dans les rêves du comte de Marcellus, ce métal qui scintilla sitôt qu'il fut frôlé par les pâles rayons de la lune, quand on la mit debout sur le pont du navire, dans le port du Pirée.

Mais aujourd'hui sur ce rapport direct, ce lien sentimental, pèse l'image même de la statue. Les visiteurs du Louvre où la Vénus demeure, avec Mona Lisa, l'une des deux œuvres les plus populaires du Musée, font le déplacement pour voir ce qui se cache derrière une figure qui leur est bien connue, si familière qu'elle ne peut plus inquiéter personne. Ils l'ont déjà vue dans leurs livres scolaires, à travers ces innombrables photographies qui font le tour du monde, portée en breloque, imprimée comme une décalcomanie sur des marques de fabrique, objet de sarcasme ou, dans le meilleur des cas, d'une admiration quasi obligée. La Vénus de Milo n'est plus une œuvre du génie humain. C'est un produit du conformisme culturel, une question de bienséance, de politesse, de bonne conduite. Qui ose dire qu'il a visité le Louvre sans voir la Vénus ? Autant proférer des mensonges.

Malgré tout, derrière l'image qu'elle donne d'elle-même, sa forme est toujours présente, inaltérable. On dirait qu'elle est indifférente aux sensations qu'elle provoque ou ne provoque pas, qu'elle capte, par le mouvement hélicoïdal qu'elle imprime à sa taille, l'expression dorique de son visage, le sentiment qu'elle suscita dans le monde qui l'accueillit. Le monde ignorait son existence et pourtant il l'accueillit comme s'il l'attendait depuis longtemps. À croire que dans le regard d'Olivier Voutier qui fut le premier à la reconnaître, il y avait déjà son empreinte.

De même que les formes originelles d'une langue ancienne intègrent les sonorités et les corruptions du parler populaire dans l'ordre syntaxique, imposant l'accord du sujet avec le verbe ou du verbe avec le complément, de même que cette structuration détermine la création d'une véritable famille de langues, de même la Vénus de Milo, bien qu'elle demeurât dans l'ombre, fut à l'origine d'un ensemble d'œuvres qui, à leur tour, dessinèrent la carte de notre sensibilité. Aucun progrès, si progressiste qu'il soit, ne peut bouleverser la succession du sujet, du verbe et du complément dans l'ADN des langues indo-européennes : de la même manière, la Vénus de Milo vous donne l'impression qu'aucune verve poétique ne peut la faire bouger de son piédestal. Si nombreux que soient les petits tiroirs dont Salvador Dalí l'a pourvue et si nombreuses les copies qu'Andy Warhol a tirées du visage de Marilyn, la Vénus du XXe siècle.

Ceux qui baptisèrent Vénus la Vénus de Milo avaient raison finalement. La Vénus de Milo ne pouvait être que

Vénus. Ni plus ni moins que l'ordre syntaxique imposé par
le dictionnaire des sentiments, même s'il n'y a plus que
quelques archéolâtres naïfs ou improvisés pour croire
encore qu'il existe une déesse de l'Amour qui, émergeant
de l'écume des flots méditerranéens, instaure le règne du
désir dès qu'elle dénoue son fameux ceste et laisse descendre son voile sur les tendres courbes de ses seins et de
son ventre, jusqu'à ce que l'évasement de ses hanches en
interrompe les plis. Ce mouvement sinueux du corps,
comme la douce chaleur de la vie qui sourd de l'inertie des
matériaux, qui semble lutter avec l'harmonie des proportions et la fixité d'un visage dédaigneux de son intensité,
c'est la forme originelle d'une sensibilité qui désormais
révèle son excentricité, son absence de programmation, fruit
d'une improvisation au jour le jour, éphémère autrement
dit.

Eh oui, la Vénus de Milo n'émeut peut-être plus les sens à
la manière dont elle le faisait jadis. Mais si nous tenons pour
vrai que le pouvoir des sens se mesure à la confiance qu'ils
vous inspirent dans la vie que vous vivez, même si l'on sait
qu'un jour elle prendra fin, alors nous devons admettre que
la Vénus de Milo joue sur son piédestal le même rôle que les
constituants chimiques d'un noyau cellulaire, le noyau de
cette confiance en soi qui fut un jour le déclencheur de la
démesure humaine.

C'est l'enfant légitime de l'optimisme des Grecs, qui, «les premiers ici-bas, firent de la crainte de la mort le sel de la vie», selon le poète Andréas Embiricos.

De ce point de vue, je l'admets, la main gauche de la Vénus, qu'on l'ait trouvée et puis perdue, ou qu'on ne l'ait jamais trouvée, n'a pas au fond tant d'importance. Cela ne veut pas dire qu'on avait cessé de la chercher. La dernière fois que se répandit la nouvelle de sa découverte, c'était en 1961 : elle émanait d'une équipe de fouilleurs financés par un Gréco-Américain du nom de Skylitsis, un fan de la déesse. L'information, bien que démentie, fit le tour du monde, depuis les colonnes du *Figaro* jusqu'aux pages d'une gazette provinciale éditée quelque part en Rhodésie. En tout cas, l'absence de main n'empêcha pas la Vénus de remporter un triomphe au Japon où elle voyagea en 1964 sous le ministère d'André Malraux. À Yokohama, elle fut accueillie par les finalistes des concours de beauté.

Artémis, comme l'ont baptisée certains, Danaé, Muse, Victoire, Amphitrite, Vénus au miroir, à la couronne, à la colombe, ou Vénus guerrière comme d'autres l'ont voulue, la Vénus continue d'abriter sous son apparence ce qui fait son secret, son authenticité pure et dure. Selon le comte de Marcellus, elle doit son intégrité à Louis XVIII en personne qui interdit aux conservateurs du Louvre de lui ajouter des bras, comme ils l'avaient décidé. On va jusqu'à dire que

l'avant-dernier Bourbon, en raison de la goutte dont il souffrait, ne put descendre dans les caves du Louvre où elle avait
été installée avant son exhibition et avant la construction d'un
ascenseur particulier destiné à offrir au roi le spectacle de sa
beauté exceptionnelle. Et pourquoi ne devrait-elle pas cette
intégrité à celui qui l'arracha à son non-être séculaire en
libérant son image, à cette rapide esquisse tracée par le jeune
aspirant de la Marine de guerre française, Olivier Voutier,
lequel, en la voyant ainsi, étendue dans le champ de Yorgos
Kendrôtas, confondue avec les ombres crépusculaires, vit les
yeux bleus de Catherine Brest ?

Même si c'était sans le vouloir, il fut le premier à révéler
son existence paradoxale. Le premier à voir que ses infirmités
faisaient son intégrité. Le premier à comprendre que sa présence formelle n'exerce son charme inestimable qu'auprès de
ceux qui sont capables, dans le silence, d'absorber son éclat et
d'en faire un secret, le genre de ceux que, jusque dans la mort,
l'âme conserve en elle, comme les symboles universels qui
ont trouvé le moyen de s'emparer d'un matériau sans forme
pour convertir le silence accablant en vibration vitale.

Comme tout le démontre au finale, rien de tout cela
n'arriva par hasard. Car rien n'est laissé au hasard dans les
chantiers de la création humaine.

CATALOGUE

ACHEVÉ D'IMPRIMER
EN AVRIL 2008
SUR LES PRESSES
DE
L'IMPRIMERIE F. PAILLART
À ABBEVILLE
POUR LE COMPTE
DE SABINE WESPIESER ÉDITEUR

IMPRIMÉ EN FRANCE

NUMÉRO D'ÉDITEUR : 65
ISBN : 978-2-84805-064-5
DÉPÔT LÉGAL : MAI 2008